职业院校学生"关键能力"培养课程系列

领 导 力

王新　袁静　编著

电子工业出版社

Publishing House of Electronics Industry

北京·BEIJING

内 容 简 介

本书定位于职业院校学生"关键能力"培养课程体系的教材，坚持"独创性、实用性"的编写原则，线下课堂教学与线上学生自主学习紧密结合。本书内容由五项关键能力构成，即职场与职业性向、敬业与岗位增值、品牌与企业文化、资源与人脉培育、成本与绩效管理，着重学生职业能力培养与职业精神培育，以促进其职业化的角色转变。本书的内容和结构设计力求丰富院校课堂教学实施手段，提升学生学习主动性和积极性。

本书可作为职业院校所有专业学生的"关键能力"培养课程教学用书，也可供从事教育研究的相关专业人士参考。

图书在版编目（CIP）数据

职业院校学生"关键能力"培养课程系列.领导力/王新，周新韶，袁静编著.—北京：电子工业出版社，2016.8

ISBN 978-7-121-29041-1

Ⅰ.①职⋯ Ⅱ.①王⋯②袁⋯ Ⅲ.①人文素质教育—高等职业教育—教材 Ⅳ.①G71

中国版本图书馆 CIP 数据核字（2016）第 129644 号

策划编辑：朱怀永　　　　特约编辑：王　纲
责任编辑：朱怀永
印　　刷：天津千鹤文化传播有限公司
装　　订：天津千鹤文化传播有限公司
出版发行：电子工业出版社
　　　　　北京市海淀区万寿路 173 信箱　邮编 100036
开　　本：787×1092　1/16　印张：8.25　字数：201 千字
版　　次：2016 年 8 月第 1 版
印　　次：2018 年 7 月第 3 次印刷
定　　价：32.80 元

凡所购买电子工业出版社图书有缺损问题，请向购买书店调换。若书店售缺，请与本社发行部联系，联系及邮购电话：（010）88254609。

质量投诉请发邮件至 zlts@phei.com.cn，盗版侵权举报请发邮件至 dbqq@phei.com.cn。

本书咨询联系方式：（010）88254609 或 zhy@phei.com.cn。

当今世界和中国社会正在发生着巨大而深刻的变革，出生和成长于这个变革时代的当代职业院校学生既沐浴着改革的和煦春风，又经受着变革带来的风雨洗礼。职业院校肩负着为社会培养"下得去、用得上、留得住"的"生产、建设、管理、服务一线"高素质技术技能人才的重任。近年来，党中央和教育部更加重视和关心职业院校学生的综合素质教育工作。习近平主席强调："把加快发展现代职业教育摆在更加突出的位置，更好支持和帮助职业教育发展，为实现'两个一百年'奋斗目标和中华民族伟大复兴的中国梦提供坚实人才保障。要树立正确人才观，培育和践行社会主义核心价值观，着力提高人才培养质量，努力培养数以亿计的高素质劳动者和技术技能人才。"李克强总理对职业教育也提出了明确要求："职业教育是面向人人、融入社会的行业。要把职业技能和职业精神的教育培训相融合，通过改革的方式办好、办大职业教育。职业技能人才应该是高素质、全面发展的人才，更应该是有敬业精神加职业精神的人才。职业教育不仅要培养职业技能，更要培养职业精神。"当我们重新审视当前职业教育定位和方向时，我们应该不忘初心，即回归到"培养高素质人才，实现人的全面发展"的教育终极目标上来。

众所周知，德国职业教育发展经验对我国职业教育的顶层设计起着重要的影响，德国现代化之所以能取得惊人的成就，原因是多方面的，其关键之一是德国十分重视教育，特别是关键能力的培养，是其教育成功的秘密。在德国，从联邦到州、行会、企业、学校都有相关的法律法规明文规定，对关键能力培养具有明确的条款，涉及关键能力培养的方方面面，内容齐全，分类完善，其具体实施程序都有明确的相关规定，保证了整个关键能力培养完成于一个通畅的运作体系。

我国职业教育中提倡的职业基本素养与德国关键能力有着异曲同工之处。主要表现在三个方面：一是两者内涵相通，即都是强调培养学生在组织中的学习、工作和共同活动的能力，是能力本位的教育。二是两者都具备普适性、稳定性、内在性、发展性的特征。三是两者都满足学生多元化的发展需要，即遵循现在学习与将来工作的结合、个别需要与一般需要的结合、情商发展与智商发展的结合、一时需要与一世需要的结合。

因此，将德国职业教育课程体系中核心的"关键能力"培养与中国职业院校人才素质培养高度融合势在必行，这将进一步推动创新现代职业教育模式下学生人文气质与职业精神培育方式，提高学生综合素质，使学生在面对当今社会的高速发展和产业的剧烈变革时，能够从容地在变化的环境中重新获取未来的职业技能和知识，实现可持续性的自我发展。这套由北京君哲教育组织设计和开发的"职业院校学生'关键能力'培养课程系列"正是为这种融合和发展开启了一种崭新的模式。

综合分析本套课程体系及其系列教材可以发现，它们都遵循了四个原则。一是以人为本。即充分解读当前阶段职业院校学生的生长环境和身心特点，有针对性地引导学生树立正确的世界观、人生观、价值观。二是全程嵌入。即改变传统素养教育课程设置，将关键能力的二十个模块内容完全溶解到学生在校学习全程，使教学过程中的每一学期、每一阶段都有对应的素养教育内容。三是形式多样。即根据各模块的学习目标特点而设计不同的课程内容和教学方法。四是工学结合。即充分体现职业性，把现在学习和将来工作紧密结合。关键能力培养模式和方法紧密联系社会职业现实，将优秀企业的管理理念和岗位标准课程化，通过创造性的线下课堂设计、线上内容设计、学生自主拓展训练设计，让学生在多维度、立体式的环境中接受知识、提升素养水平。

期待更多的有识之士关注职业教育，重视关键能力或者说职业基本素养教育。推动职业教育思想和职业教育模式的进步，使职业教育为社会培养更多的"既能做事、更会做人"的高素质优秀人才！

刘兰明 教授

教育部职业院校教育类专业教学指导委员会主任

2016 年 6 月 8 日于北京

　　"关键能力"一词源自德国职业教育界对从业者职业生涯中除岗位专业能力之外的基本能力的概括。"关键能力"是一种跨职业的、在职业生涯中起关键作用的综合能力。它超出了专业技能和专业知识的范畴，它是方法能力、社会能力和个人能力的进一步发展。这种能力在职业人的未来发展中起着关键性作用，是职业人的综合职业行为能力的重要组成部分。"关键能力"在中国职业教育语境中常被称为"素质教育"。

　　近年来，我国职业教育快速发展，职业院校学生成为企业技能人才的重要力量。对学生质量的关注，越来越多地体现在对学生关键能力的培养上。当前，职业院校办学仍然特别强调就业导向和学生技能的训练，而忽视了人文气质和职业精神的培养。虽然一些院校也逐步认识到学生素质教育的重要性并在教学过程中付诸实施各种形式的职业精神引导，但受传统应试教育惯性和当前教育理念落后于市场经济中快速发展的新型经济形态的影响，学生关键能力培养的重点仍然侧重于理论研究或简单几本书、几门课的"任务式"教学，没有从根本上贴合当前学生心智发展现状和行业企业对人才需求的要求和变化。

　　鉴于此，北京君哲教育联合国内三十余所职业类院校和十余家大型知名企业的人力资源部门共同开发的一套适用于中国职业院校学生自我发展需要的"关键能力"培养课程系列。该课程系列由驱动力、执行力、领导力、创新力四个领域共 20 项关键能力组成。其课程内容设计和教学方法设计充分汲取德国职业教育"关键能力"培养课程精髓，并能适应中国职业教育发展特点和中国企业人力资源发展需求。课程教学结合软件平台、学生 APP 客户端、课程教材、海量案例、学生自我拓展作品等方式多维度呈现，完全匹配院校教师信息化教学和学生自主学习特点。

　　职业院校学生"关键能力"培养课程系列，以提高学生综合素质为宗旨，以培养全面发展的、合格的社会人和职业人为目标，同时强调独立精神、实践能力、职业精神和创新思维，充分考虑个人和社会发展的基本需要。使学生在面对当今社会的高速发展和产业剧变时，能够从容地在变化的环境中重新获取未来的职业技能和知识，实现可持续性的自我发展。同时此课程系列也将帮助中国职业院校创新人才培养思维，发展职业教育思想和教育模式。

《职业院校学生"关键能力"培养课程系列——领导力》是职业院校学生"关键能力"培养课程系列教材的第三本。"领导力"强调学生职业精神的培养，帮助学生成长为合格的"职业人"，实现学生职业化转变，教材内容包含职场与职业性向、敬业与岗位增值、品牌与企业文化、资源与人脉培育、成本与绩效管理五项关键能力的培养，旨在帮助学生认识职场规则，理解企业文化，学会资源整合与人脉培育，从而引导学生从容步入职场、适应职场，培养学生的敬业精神和职业意识。教材结构上有课程背景、学习目标、课程重点、课程内容、测评与体验、悦读与思享等构成，力求帮助教师更好地组织教学，帮助学生更好地完成对该课程的学习。

本教材由君哲（北京）教育科技有限公司组织编写，君哲（北京）教育科技有限公司产品研发部赵蕊、罗秋日等项目团队以及德国 InterCo Education & Culture Exchange 团队为本书的编写做出了重要贡献。教材在编写过程中参阅了大量的国内外文献和资料，并得到了电子工业出版社的鼎力支持，在此，表示由衷的感谢。由于时间和水平方面的原因，本书的不足之处也在所难免，诚恳地希望广大师生在使用中提出宝贵意见，以便进一步修订完善。

编　者

2016 年 6 月 1 日

领导力 LINGDAOLI

单元一
性格与压力管理

流水在碰到抵触的地方,才把它的活力解放。

——约翰·沃尔夫冈·冯·歌德(1749—1832,
德国著名思想家、作家、科学家)

编号:D11W1

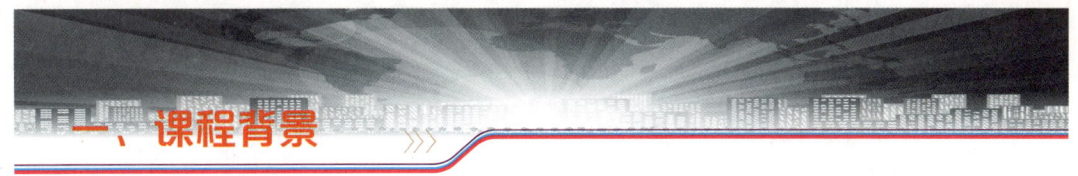

一、课程背景

知人者智，自知者明。性格是一个人个性的核心，它直接影响到人的行为方式，进而影响到人际关系及工作效率。性格本身有正面和负面作用，我们能够找到每个优点对应的弱点，例如冷静过度就是畏首畏尾，所以只有懂得把这种正面和负面的作用达到一种平衡才是快乐的人生。

当今社会压力无处不在，未入职场的年轻人承受择业和就业的压力，新入职场的人承受着难以适应和薪资过低的压力，上班族更承受着来自事业、家庭、生活的压力，管理者承受着效益、竞争、健康的压力。更不用说目前的社会环境，交通、空气、健康、医疗、住房、经济困境、政策风暴等问题都在侵入新生代的年轻人。由此催生出的亚健康、抑郁症、过劳死更是威胁着职场中每一位奋斗的人。如何认识各种压力、如何管理无处不在的环境压力、如何让自己保持事业和生活必需的身心健康，是每个年轻人面临的重要课题，也是推进社会进步和发展的重要保障。作为一名即将步入社会的学生，更应该掌握和运用有效方法了解性格、管理压力，在学习实践过程中不断对自我进行优化。所以，进行有效的性格与压力管理是提升学生关键能力的重要内容。

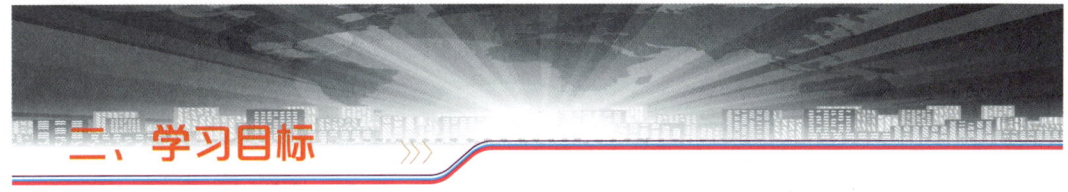

二、学习目标

1. 了解性格的优势与局限，做到扬长避短，通过对性格的分析，智慧地认识自己，聪明地了解别人。

2. 认识压力，学习压力管理策略，减小压力的负面作用。

三、课程重点

1. 不同性格的类型与特征。

2. 性格色彩学，运用性格色彩学原理分析人的特质。

3. 工作和生活中的压力来源，自我压力状况分析。

4. 压力的积极作用及负面危害。

5. 压力管理的目标及应对策略。

四、课程内容

本课程结合性格与压力管理方面的先进理念和有效方法，讲述性格认知、性格色彩、性格应用以及压力的表现、压力的作用与危害、压力管理的目标与策略。在认知性格方面，主要分析了性格的定义、影响因素；在性格色彩方面，主要分析了FPA性格色彩学；在性格应用方面，主要剖析了性格色彩学、性格色彩与人际交往；在压力表现方面，主要分析年轻人工作和生活中的主要压力有哪些；在压力的作用与危害方面，主要分析了压力的积极作用与负面危害的辩证关系；在压力管理的目标与策略方面，主要分析了压力管理的目标与压力管理的常用策略。

（一）认识性格

性格如同空气，天天跟随在我们身边，它影响着我们的日常生活和工作。试问：什么是性格？为什么每个人的性格各不相同？

1. 为什么要了解不同的性格

在日常生活中：

为什么思维非常严谨的老板，总是看不惯那些做事莽撞的员工？

为什么行动力特别强的人，总是看不惯办事拖拖拉拉的人？

为什么明明为他好，他怎么偏就不领情呢？

为什么越是强调你的想法，他人的负面反应就越是强烈呢？

同时，

是什么在阻碍你的人脉拓展？

是什么在阻碍你的快乐生活？

是什么在影响你与同事间的沟通？

是什么在影响自我价值的提升？

究其根源，生活的矛盾源于性格！性格分析能够帮助我们聪明地了解别人，智慧地认识自己！

2. 性格定义

性格是指表现在人对现实的态度和相应的行为方式中的比较稳定的、具有核心意义的个性心理特征，是一种与社会关联最密切的人格特征，在性格中包含有许多社会道德含义。

3. 人的性格各不相同

莱布尼茨说："没有两片完全相同的叶子，世界上没有性格完全相同的人。"在与人交往中，有的人活泼、外向，喜欢结交朋友；有的人冷静、内向，喜欢独来独往。在待人方面，有的人纯朴、和善，有的人热情外露，有的人含蓄内向、沉默寡言。

在生活态度上，有的人乐观进取、勇敢坚强，有的人悲观失望、软弱怯懦。梁山108 条好汉有 108 种性格，《西游记》中的人物性格更是各异，《还珠格格》中小燕子与紫薇的性格恰恰相反……因此，可以说，大千世界，千人千面，性格各有特点。

4. 性格的影响因素

性格与遗传、家庭、环境、教育息息相关。一个人的性格特征受遗传的一定影响，性格的一部分是天生的，一个人一出生带着自身的特点，如父亲是急脾气，孩子也容易生气。家庭是我们的第一所学校，家长是我们的第一个老师，我们长期生活在父母身边，父母的言行举止、对待事物的观念和看法在潜移默化中影响着我们，促成我们性格的形成。除了家庭的环境之外，还有学校、社会也会影响人的性格形成，如东北人豪爽、湖南人刚烈等。另外，教育也可以改变一个人的性格，让自己的性格越来越完善。

（二）性格色彩

FPA（Four-color Personality Analysis）性格色彩学是实用心理学的一门分学科，创始人是乐嘉（1975 年生于上海，因 2010 ～ 2013 年担任江苏卫视《非诚勿扰》节目嘉宾而广为人知）。FPA 含义：F——Four-color（四色），F 的新生涵义是 Find，即找到真实的自己；P——Personality（性格），P 的新生涵义是 Pursue，即追求渴望实现的目标；A—— Analysis（分析），A 的新生涵义是 Answer，即解答人生的困惑与痛苦。FPA 性格色彩学主要将人的性格分为红、蓝、黄、绿四种。不同性格的人喜好各不相同、各有优劣。

（三）性格应用

1. 性格色彩的剖析

四种基本性格色彩描述：红——让我使你高兴；蓝——没有最好，只有更好；黄——没有越不过的障碍，能者为先；绿——不求快，但求稳。

（1）红色

最大的长处：其乐融融。

最大的短处：三心二意。

基本动机：快乐、赞美、受欢迎。

对外界的需求：声望、友好的人际关系，影响鼓舞他人的机会。

优势：善于交际、积极乐观、信任他人、创造快乐、富有色彩、表达力强。

优势过当：情绪波动、缺少秩序、难以兑现、半途而废、没有计划、言过其实。

（2）蓝色

最大的长处：追求完美。

最大的短处：过于苛刻。

基本动机：卓越、价值、高质量。

对外界的需求：明确的解释、有限的风险，要求计划性和精确性的任务。

优势：高度敏感、善于分析、品质至上、原则性强、思想深沉、稳健谦和。

优势过当：行动缓慢、抓小失大、要求苛刻、灵活性差、冷漠严肃、过于小心。

（3）黄色

最大的长处：让任何人贯彻自己的意图。

最大的短处：忽视过程和他人感受。

基本动机：挑战、选择、控制。

对外界的需求：权威、艰巨的任务、进取的机会。

优势：目标导向、领导力强、追求效率、坚持到底、独立意识、敢于冒险。

优势过当：自负骄傲、缺乏耐心、感受第二、倍感压力、忽略人际、行为冲动。

（4）绿色

最大的长处：易于相处。

最大的短处：怯懦。

基本动机：安全感、欣赏、保障。

对外界的需求：群体认同、既定的工作模式、稳定的情况。

优势：人际导向、宽容处事、善于外交、适应性强、擅对压力、乐天知命。

优势过当：牺牲目标、放弃原则、不够快速、没有主见、旁观免参、避难求易。

2. 性格色彩与人际交往

（1）红色
红色的天赋潜能
作为个体：
- ◇ 高度乐观的积极心态。
- ◇ 喜欢自己，也容易接纳别人。
- ◇ 把生命当作值得享受的经验。
- ◇ 喜欢新鲜、变化和刺激。
- ◇ 经常开心，追求快乐。
- ◇ 情感丰富而外露。
- ◇ 自由自在，不受拘束。
- ◇ 喜欢开玩笑和调侃。
- ◇ 别出心裁，与众不同。
- ◇ 表现力强。
- ◇ 容易受到人们的喜欢和欢迎。
- ◇ 生动活泼，好奇心强。

沟通特点：
- ◇ 才思敏捷，善于表达。
- ◇ 喜欢通过肢体上的接触传达亲密情感。
- ◇ 容易与人攀谈。
- ◇ 发生冲突时，能直接表白。
- ◇ 人越多越亢奋。
- ◇ 演讲和舞台表演的高手。
- ◇ 乐于表达自己的看法。

作为朋友：
- ◇ 真诚主动，热情洋溢。
- ◇ 喜欢交友，善于与陌生人互动。
- ◇ 擅长搞笑，是带来乐趣的伙伴。
- ◇ 容易原谅自己和别人，不记仇。
- ◇ 富有个人魅力。

◇ 乐于助人。

◇ 有错就认，很快道歉。

◇ 喜欢接受别人的肯定和不吝赞美。

对待工作和事业：

◇ 工作主动，寻找新任务。

◇ 富有感染力，能够吸引他人参与。

◇ 激发团队的合作热情和进取心，重视团队合作的感觉。

◇ 令人愉悦的工作伙伴。

◇ 完成短期目标时极富爆发力。

◇ 信任他人。

◇ 善于赞美和鼓励，是天生的激励者。

◇ 不喜欢太多的规定束缚，富有创意。

◇ 工作以活泼化、丰富化的方式进行。

◇ 反应快，闪电般开始。

红色的本性局限——

作为个体：

◇ 情绪波动大起大落。

◇ 变化无常，随意性强。

◇ 鲁莽冲动，轻信他人，容易上当受骗。

◇ 虚荣心强，不肯吃苦，贪图享受。

◇ 喜欢走捷径，虎头蛇尾，不能坚持。

◇ 粗心大意，杂乱无章。

◇ 不肯承担责任，期待有别人为自己的人生负责。

◇ 缺乏自控，毫无纪律。

◇ 容易原谅自己，不吸取教训。

◇ 不稳定和散漫。

◇ 拒绝长大。

◇ 借放纵来麻痹自己，而不去认真思考生命的本质。

沟通特点：

◇ 说话少经大脑思考，脱口而出。

◇ 对于严肃和敏感的事情也会开玩笑。

◇ 炫耀自己，夺人话题。

◇ 注意力分散，不能专注倾听，插话。

◇ 吹牛不打草稿，疏于兑现承诺。

◇ 忘记别人说过什么，自己讲过的话也经常重复。

◇ 口无遮拦，不保守秘密。

◇ 不可靠，光说不练。

◇ 夸大吹嘘自己的成功。

作为朋友：

◇ 缺少分寸，过度的玩笑和热情。

◇ 只想当主角。

◇ 谈论自己感兴趣的话题，对和自己无关的话题心不在焉。

◇ 插嘴打断别人谈话。

◇ 健忘多变。

◇ 经常会忘记老朋友。

◇ 有极强的依赖性，脆弱而不能独立。

◇ 好心办坏事。

对待工作事业：

◇ 跳槽频率高，这山望着那山高。

◇ 没有规划，随意性强。

◇ 没有焦点，把精力分散在太多的不同方向。

◇ 过高估计了自己的能力。

◇ 觉得没有必要为未来做准备。

◇ 不肯花更大的精力和付出幕后工作的勤奋代价，来获取更高的殊荣。

◇ 不切实际地希望所有的工作都要有趣味。

◇ 很难全神贯注，经常走神。

◇ 异想天开，难以预料。

（2）蓝色

蓝色的天赋潜能——

作为个体：

◇ 严肃的生活哲学。

◇ 思想深邃，独立思考而不盲目从众。

◇ 沉默寡言，老成持重。

◇ 注重承诺，可靠安全。

◇ 谨慎而深藏不露。

◇ 坚守原则，责任心强。

◇ 遵守规则，井井有条。

◇ 深沉有目标的理想主义。

◇ 敏感细腻。

◇ 高标准，追求完美。

◇ 谦和稳健。

◇ 善于分析，富有条理。

◇ 待人忠诚，富有自我牺牲精神。

◇ 深思熟虑，三思而后行。

◇ 坚韧执着。

沟通特点：

◇ 享受敏感而有深度的交流。

◇ 设身处地地体会他人。

◇ 能记住谈话时共鸣的感情和思想。

◇ 喜欢小群体交流的思想碰撞。

◇ 关注谈话的细节。

作为朋友：

◇ 默默地为他人付出以表示关切和友爱。

◇ 对友谊忠诚不渝。

◇ 真诚关怀朋友的境遇，善于体贴他人。

◇ 能够记得特殊的日子。

◇ 遭遇难关时，极力给予鼓舞安慰。

◇ 很少向他人表达内心的看法。

◇ 经常扮演分析、解决问题的角色。

对待工作和事业：

◇ 强调制度、程序、规范、细节和流程。

◇ 做事之前首先计划且严格按照计划去执行。

◇ 喜欢探究及根据事实行事。

◇ 尽忠职守，追求卓越。

◇ 高度自律。

◇ 喜欢用表格、数字的管理来验证效果。

◇ 注重承诺。

◇ 一丝不苟地执行工作。

蓝色的本性局限——

作为个体：

◇ 高度负面的情绪化。

◇ 猜忌心重，不信任他人。

◇ 太在意别人的看法和评价，容易被负面评价中伤。

◇ 容易沮丧，悲观消极。

◇ 陷于低落的情绪无法自拔。

◇ 情感脆弱抑郁，有自怜倾向。

◇ 杞人忧天，庸人自扰。

◇ 最容易成为抑郁症患者。

◇ 当别人轻易成功时，会因自己的努力付出不如他人而心生嫉妒。

◇ 过于阴沉的面孔，让人感觉压抑，不易接近。

沟通特点：

◇ 不知不觉地说教和上纲上线。

◇ 原则性强，不易妥协。

◇ 强烈期待别人具有敏感度和深度，能够理解自己。

◇ 以为别人能够读懂自己的心思。

◇ 不太主动与人沟通。

◇ 不喜欢制造困扰麻烦给别人，也讨厌别人制造困扰麻烦给自己。

◇ 要真诚开放心胸与人互动会比较难。

◇ 习惯以防卫的状态面对别人。

作为朋友：

◇ 过度敏感，有时很难相处。

◇ 强烈的不安全感。

◇ 远离人群。

◇ 喜好批判和挑剔。

◇ 吝于宽恕。

◇ 经常怀疑别人的话，不容易相信他人。

对待工作和事业：

◇ 对自己和他人常寄予过高而且不切实际的期望。

◇ 过度计划和过度绸缪。

◇ 患得患失，行动缓慢。

◇ 较真，挑剔他人及自己的表现。

◇ 专注于小细节，因小失大。

◇ 吝啬表扬，强烈的形式主义。

◇ 容易被不理想的成绩击垮斗志。

◇ 墨守成规，死板教条不懂变通。

◇ 为了维护原则缺乏妥协精神。

（3）黄色

黄色的天赋潜能——

作为个体：

◇ 不达目标，誓不罢休。

◇ 不停地给自己设定目标以推动前进。

◇ 把生命当成竞赛。

◇ 行动迅速，活力充沛。

◇ 意志坚强。

◇ 自信、不情绪化，而且非常有活力。

◇ 坦率，直截了当，一针见血。

◇ 强烈的进取心，居安思危。

◇ 独立性强。

◇ 有强烈的求胜欲。

◇ 不畏强权并敢于冒险。

◇ 不易气馁，不在乎外界的评价，坚持自己所选择的道路和方向。

◇ 危难时刻挺身而出。

◇ 讲究速度和效率。

◇ 敢于接受挑战并渴望成功。

沟通特点：

◇ 以务实的方式主导会谈。

◇ 喜欢主导整个事情进行的方式。

◇ 能够直接抓住问题的本质。

◇ 说话简明扼要，不喜欢拐弯抹角。

◇ 不受情绪的干扰和控制。

作为朋友：

◇ 给予解决问题的方法，而非纠缠在过去。

◇ 迅速提出忠告和方向。

◇ 直言不讳地提出建议。

对待工作和事业：

◇ 动作干净利落，讲求效率。

◇ 能够承担长期高强度的压力。

◇ 强烈的目标趋向，善于设定目标。

◇ 高瞻远瞩，有全局观念。

◇ 善于委派工作。

◇ 坚持不懈，促成行动。

◇ 掌握执行重点。

◇ 行事作风明快。

◇ 天生的领导者和富有组织能力。

◇ 竞争越强，精力越旺，越挫越勇。

◇ 寻求实际的解决方法。

◇ 以结果和完成任务为导向，并且高效率。

◇ 善于快速决策并处理所遇到的一切问题。

◇ 富有责任感。

黄色的本性局限——

作为个体：

◇ 自己永远是对的，死不认错。

◇ 趾高气扬，霸道。

◇ 只关注自己的感受，不关注别人的心情和想法。

◇ 以自我为中心，自私倾向。

◇ 霸道。

◇ 脾气暴躁，容易发怒。

◇ 缺少同情心。

◇ 傲慢自大，目中无人。

◇ 经常紧绷自己的情绪。

◇ 在情绪不佳或有压力的时候，经常会不可理喻与独断专行。

◇ 不喜欢受群体规范约束，打破既定规则且自己不遵守规则。

沟通特点：

◇ 喜欢争辩和冲突。

◇ 铁石心肠，对情绪表现冷淡。

◇ 粗线条，简单粗暴。

◇ 毫无敏感，无力洞察他人内心和理解他人所想。

◇ 抗拒批评，严酷且自以为是的审判者。

◇ 缺乏亲密分享的能力。

◇ 缺乏耐心，是非常糟糕的倾听者。

◇ 态度尖锐严厉，批判性强。

◇ 容易让他人的工作或生活步调紧张。

◇ 不习惯赞美别人。

◇ 说话有时咄咄逼人。

◇ 控制欲强。

◇ 不太能体谅他人，对行事模式不同的人缺少包容度。

作为朋友：

◇ 大多时候仅保持理性的友谊。

◇ 讨厌与犹豫不决、能力弱的人互动。

◇ 试图控制和影响大家的活动，希望他人服从自己而非配合别人。

◇ 除了工作内容，很少交谈其他话题。

◇ 情感上习惯与人保持一定的距离。

◇ 很少对人流露出直接诚挚的关怀。

◇ 需要你的时候才找你。

◇ 为别人做主。

对待工作和事业：

◇ 生活在无尽的工作当中而不是人群中。

◇ 数量远比质量重要。

◇ 目标没有完成时，容易发怒且迁怒于人。

◇ 寻求更多的权力，有极强的控制欲。

◇ 拒绝为自己和他人放松。

◇ 完成工作第一，人的事情第二。

◇ 为了自己的面子，不妥协且毫不认错。

◇ 对于竞争结果过分关注而忽略过程中的乐趣。

◇ 武断、刚愎自用且一意孤行。

◇ 很难慢下来，缺少生命乐趣的工作狂。

◇ 未明察就急于改变，急于求成。

（4）绿色

绿色的天赋潜能——

作为个体：

◇ 爱静不爱动，有温柔祥和的吸引力和宁静愉悦的气质。

◇ 和善的天性，做人厚道。

◇ 追求人际关系的和谐。

◇ 奉行中庸之道，为人稳定低调。

◇ 遇事以不变应万变，镇定自若。

◇ 知足常乐，心态轻松。

◇ 追求平淡的幸福生活。

◇ 有松弛感，能融入所有的环境和场合。

◇ 从不发火，温和、谦和、平和三和一体。

◇ 做人懂得"得饶人处且饶人"。

◇ 追求简单随意的生活方式。

沟通特点：

◇ 以柔克刚，不战而屈人之兵。

◇ 避免冲突，注重双赢。

◇ 心平气和且慢条斯理。

◇ 善于接纳他人意见。

◇ 最佳的倾听者，极具耐心。

◇ 擅长让别人感觉舒适。

◇ 有自然和不经意的冷幽默。

◇ 松弛大度，不疾不徐。

作为朋友：

◇ 从无攻击性。

◇ 富有同情和关心。

◇ 宽恕他人对自己的伤害。

◇ 能接纳所有不同性格的人。

◇ 和善的天性及圆滑的手腕。

◇ 对友情的要求不严苛。

◇ 处处为别人考虑，不吝付出。

◇ 与之相处轻松自然又没有压力。

◇ 最佳的垃圾宣泄处，鼓励他们的朋友多谈自己。

◇ 从不尝试去改变他人。

对待工作和事业：

◇ 高超的协调人际关系的能力。

◇ 善于从容地面对压力。

◇ 巧妙地化解冲突。

◇ 能超脱游离政治斗争之外，没有敌人。

◇ 缓步前进以取得思考空间。

◇ 注重人本管理。

◇ 推崇一种员工都积极参与的工作环境。

◇ 尊重员工的独立性，从而博得人心和凝聚力。

◇ 善于为别人着想。

◇ 以团体为导向。

◇ 创造稳定性。

◇ 用自然低调的行事手法处理事务。

绿色的本性局限——

作为个体：

◇ 按照惯性来做事，拒绝改变，对于外界变化置若罔闻。

◇ 懒洋洋的作风，原谅自己的不思进取。

◇ 懦弱胆小，纵容别人欺压自己。

◇ 期待事情会自动解决，完全守望被动。

◇ 得过且过。

◇ 无原则地妥协，而无法促使他人采取负责任的解决态度。

◇ 逃避问题与冲突。

◇ 太在意别人的反应，不敢表达自己的立场和原则。

沟通特点：

◇ 一拳打在棉花上，毫无反应。

◇ 没有主见，把压力和负担通通转嫁到他人身上。

◇ 不会拒绝他人，给自己和他人都带来无穷麻烦。

◇ 行动迟钝，慢慢腾腾。

◇ 避免承担责任。

作为朋友：

◇ 不负责任地和稀泥。

◇ 姑息养奸的态度。

◇ 压抑自己的感受以迁就别人。

◇ 期待让人人满意，对自己的内心不忠诚。

◇ 没有自我，迷失人生的方向。

◇ 缺乏激情。

◇ 漠不关心，惰于参与任何活动。

对待工作和事业：

◇ 安于现状，不思进取。

◇ 乐于平庸，缺乏创意。

◇ 害怕冒风险，缺乏自信。

◇ 拖拖拉拉。

◇ 缺少目标。

◇ 缺乏自觉性。

◇ 懒惰而不进取。

◇ 宁愿做旁观者，不肯做参与者。

（四）压力的作用与危害

压力是由于事件和责任超出个人应对能力范围时所产生的焦虑状态。

压力就像一根小提琴的弦，没有压力，就不会产生音乐。但是，如果琴弦绷得太紧，就会断掉。压力过大会使身体产生病变，容易导致情绪消极、精神萎靡、心理障碍、兴趣活动减少、成瘾行为、工作质量下降、企业成本上升等。

（五）压力管理的目标与策略

1. 压力管理的目标

压力管理的目标是使压力水平适度、工作和生活平衡、生活幸福快乐。

2. 压力管理的策略

① 合理宣泄。跟谁宣泄呢？熟悉的人：家人、朋友、同事；不熟悉的人：专业人

士、陌生人（网友）；自己：与自己对话，写压力日记。

②建立良好的人际关系。多理解、多付出、看得开，和周围人和睦相处。

③宽容与感恩。宽容他人，凡事多感恩、少要求。

④平衡工作与生活。再忙也要抽时间和家人相处，认可工作的目的之一是为了更好地生活。

五、测评与体验 >>>

项目1 小组讨论 ↩

性格定义

讨论1： 为什么要了解不同的性格？

讨论2： 你所理解的性格是什么？

项目 2 测评测试

性格色彩

共 30 题，每题只选一个最贴近自己想法的答案，按照 "1A"、"2C" 的格式做好选择记录，耐心完成。

1. 关于人生观，我的内心其实是（　　）

　　A. 希望能有各种各样的人生体验，所以想法极其多样化。

　　B. 在合理的基础上，谨慎确定目标，一旦确定会坚定不移地去做。

　　C. 更加在乎取得一切有可能的成就。

　　D. 毫不喜欢风险，喜欢享受稳定或现状。

2. 如果爬山旅游，大多数状况下，对下山回来的路线我最可能选择（　　）

　　A. 好玩有趣，所以宁愿新路线回巢。

　　B. 安全稳妥，所以宁愿原路线返回。

　　C. 挑战困难，所以宁愿新路线回巢。

　　D. 方便省心，所以宁愿原路线返回。

3. 说话时，我更看重（　　）

　　A. 感觉效果。有时可能会略显得夸张。

　　B. 描述精确。有时可能略过冗长。

　　C. 达成结果。有时可能过于直接让别人不高兴。

　　D. 人际感受。有时可能会不愿讲真话。

4. 在大多数时候，我的内心更想要（　　）

　　A. 刺激。经常冒出新点子，想做就做，喜欢与众不同。

　　B. 安全。头脑冷静，不易冲动。

　　C. 挑战。生命中竞赛随处可见，有强烈的 "赢" 的欲望。

　　D. 稳定。满足自己所拥有的，很少羡慕别人。

5. 我认为自己在情感上的基本特点是（　　）

　　A. 情绪多变，经常波动。

　　B. 外表自我抑制强，但内心感情起伏大，一旦挫伤难以平复。

　　C. 感情不拖泥带水，只是一旦不稳定，容易发怒。

　　D. 天性情绪四平八稳。

6. 我认为自己除了工作外，在控制欲方面，我（　　）

A.没有控制欲，只有感染带动他人的欲望，但自控能力不算强。

B.用规则来保持我对自己的控制和对他人的要求。

C.内心是有控制欲和希望别人服从我的。

D.没兴趣影响别人，也不愿别人来控制我。

7. 当与情人交往时，我最希望对方（　　　）

　　A.经常赞美我，让我享受开心、被关怀且又有一定自由。

　　B.可随时默契到我内心所想，对我的需求极其敏感。

　　C.得到对方的认可，我是正确的并且我对其是有价值的。

　　D.尊重并且相处静谧的。

8. 在人际交往时，我认为（　　　）

　　A.本质上还是认为与人交往比长时间独处是有乐趣的。

　　B.非常审慎缓慢地进入，常会被人认为容易有距离感。

　　C.希望在人际关系中占据主导地位。

　　D.顺其自然，不温不火，相对被动。

9. 我做事情，经常（　　　）

　　A.缺少长期性，不喜欢长期做相同无变化的事情。

　　B.缺少果断，期待最好的结果但总能先看到事情的不利面。

　　C.缺少耐性，有时行事过于草率。

　　D.缺少紧迫，行动迟缓，难下决心。

10.通常我完成任务的方式是（　　　）

　　A.常赶在最后期限前完成，是临时抱佛脚的高手。

　　B.自己有严格规定的程序，精确地做，不麻烦别人。

　　C.先做，快速做。

　　D.使用传统的方法按部就班，需要时从他人处得到帮忙。

11.如果有人深深惹恼我时，我会（　　　）

　　A.内心感到受伤，认为没有原谅的可能，可最终很多时候还是会原谅对方。

　　B.深深感到愤怒，如此之深怎可忘记？我会牢记，同时未来完全避开那个家伙。

　　C.会火冒三丈，并且内心期望有机会狠狠地回应。

　　D.避免摊牌，因为还不到那个地步或者自己再去找新朋友。

12.在人际关系中，我最在意的是（　　　）

　　A.得到他人的赞美和欢迎。

　　B.得到他人的理解和欣赏。

　　C.得到他人的感激和尊敬。

D. 得到他人的尊重和接纳。

13. 在工作上，我表现出来更多的是（　　　）

A. 充满热忱，有很多想法且很有灵性。

B. 心思细腻，完美精确，而且为人可靠。

C. 坚强而直截了当，而且有推动力。

D. 有耐心，适应性强而且善于协调。

14. 我过往的老师最有可能对我的评价是（　　　）

A. 情绪起伏大，善于表达和抒发情感。

B. 严格保护自己的私密，有时会显得孤独或是不合群。

C. 动作敏捷又独立，并且喜欢自己做事情。

D. 看起来安稳轻松，反应度偏低，比较温和。

15. 朋友对我的评价最有可能的是（　　　）

A. 喜欢对朋友述说，也有感染别人的力量。

B. 能够提出很多周全的问题，而且需要许多精细的解说。

C. 愿意直言想法，有时会直率而犀利地谈论不喜欢的人、事、物。

D. 通常与他人一起是倾听者。

16. 在帮助他人的问题上，我内心的想法是（　　　）

A. 别人来找我，不太会拒绝，会尽力帮他。

B. 值得帮助的人应该帮助。

C. 很少承诺要帮，但我若承诺必兑现。

D. 虽无英雄打虎胆，常有自告奋勇心。

17. 面对他人对自己的赞美，我内心（　　　）

A. 没有也无所谓，特别欣喜那也不至于。

B. 我不需无关痛痒的赞美，宁可对方欣赏我的能力。

C. 思考对方的真实性或立即回避众人的关注。

D. 赞美多多益善，总是令人愉悦的。

18. 面对生活，我更像（　　　）

A. 随和派——外面的世界与我无关，我觉得自己这样还不错。

B. 行动派——我不进步，别人就会进步，所以我必须不停地前进。

C. 分析派——在问题未发生之前，就该想好所有的可能。

D. 无忧派——每天的生活开心快乐最重要。

19. 对于规则，我内心的态度是（　　　）

A. 不愿违反规则，但可能因为松散而无法达到规则的要求。

B. 打破规则，希望由自己来制定规则而不是遵守规则。

C. 严格遵守规则，并且竭尽全力做到规则内的事情。

D. 不喜被规则束缚，不按规则出牌会觉得新鲜有趣。

20. 我认为自己在行为上的基本特点是（　　　）

　　A. 慢条斯理，办事按部就班，能与周围的人协调一致。

　　B. 目标明确，集中精力为实现目标而努力，善于抓住核心要点。

　　C. 慎重小心，为做好预防及善后，会不惜一切而尽心操劳。

　　D. 丰富跃动，不喜欢制度和约束，倾向于快速反应。

21. 当我做错事时，我倾向于（　　　）

　　A. 害怕但表面不露声色。

　　B. 不承认而且辩驳，但内心其实已经明白。

　　C. 愧疚和痛苦，容易停留在自我压抑中。

　　D. 难为情，希望逃避别人的批评。

22. 当结束一段刻骨铭心的感情时，我会（　　　）

　　A. 很难受，可日子总要过，时间会冲淡一切的。

　　B. 虽然觉得受伤，但一旦下定决心，就会努力把过去的影子甩掉。

　　C. 深陷在悲伤的情绪中，在相当长的时期里难以自拔，也不愿再接受新的人。

　　D. 痛不欲生，需要找朋友倾诉或者找到渠道发泄，寻求化解之道。

23. 面对他人的倾诉，我回顾自己大多时候本能上倾向于（　　　）

　　A. 能够认同并理解对方当时的感受。

　　B. 快速做出一些定论或判断。

　　C. 给予一些分析或推理，帮助对方理顺思路。

　　D. 可能会随着他的情绪起伏而起伏，也会发表一些评论或意见。

24. 我在以下哪个群体中交流较感满足（　　　）

　　A. 舒服轻松的氛围中，心平气和地最终达成一致结论。

　　B. 彼此展开充分激烈的辩论并有收获。

　　C. 有意义地详细讨论事情的好坏和影响。

　　D. 很开心并且随意无拘束地闲谈。

25. 在内心的真实想法里，我觉得工作（　　　）

　　A. 不必有太大压力，可以让我做我熟悉的工作就很不错。

　　B. 应该以最快的速度完成，且争取去完成更多的任务。

　　C. 要么不做，要做就做到最好。

　　D. 如果能将乐趣融合其中那就太棒了，如果是不喜欢的工作则感觉实在没劲。

26. 如果我是领导，我内心更希望在部属心目中，我是（　　　）

　　A. 可以亲近的和善于为他们着想的。

　　B. 有很强的能力和富有领导力的。

　　C. 公平、公正且足以信赖的。

　　D. 被他们喜欢并且觉得富有感召力的。

27. 我对认同的需求是（　　　）

　　A. 无论别人是否认同，生活都是要继续的。

　　B. 精英群体的认同最重要。

　　C. 只要我在乎的那些人认同我就足够了。

　　D. 所见之人无论贵贱都对我认同那有多好。

28. 当我还是个孩子的时候，我是（　　　）

　　A. 不太会积极尝试新事物，通常比较喜欢旧有的和熟悉的。

　　B. 是孩子王，大家经常听我的决定。

　　C. 害羞见生人，有意识地回避。

　　D. 调皮可爱，乐观而又热心。

29. 如果我是父母，我也许是（　　　）

　　A. 容易说服或者宽容的。

　　B. 比较严厉、性急及说一不二的。

　　C. 坚持自己的想法和比较挑剔的。

　　D. 积极参与到子女中一起玩，被小朋友们热烈欢迎的。

30. 以下有四组格言，哪组里整体上最符合我的感觉（　　　）

　　A. 最深刻的真理是最简单和最平凡的；要在人间取得成功必须大智若愚；好
　　　脾气是一个人在社交中所能穿着的最佳服饰；知足是人生在世最大的幸福。

　　B. 走自己的路，让人家去说吧；虽然世界充满了苦难，但是苦难总是能战胜的；
　　　有所成就是人生唯一的真正的乐趣；对我而言解决一个问题和享受一个假期一
　　　样好。

　　C. 一个不注意小事情的人，永远不会成就大事业；理性是灵魂中最高贵的因素；
　　　切忌浮夸铺张；与其说得过分，不如说得不全；谨慎比大胆要有力量得多。

　　D. 幸福在于对生命的喜悦和激情；任何时候都要最真实地对待你自己，这比什
　　　么都重要；使生活变成幻想，再把幻想化为现实；幸福不在于拥有金钱，而在
　　　于获得成就时的喜悦以及产生创造力的激情。

项目3　测评测试

压力测试

1. 你常常莫名其妙地感到心烦吗？

2. 你和周围的人有过争执冲突吗？

3. 你很少主动找人谈心事吗？

4. 你最近想辞职不工作或离家一阵子吗？

5. 你的体重最近明显地上升或下降3～5公斤了吗？

6. 你的身体有一些病痛，你没有尽快去就医吗？

7. 你的饮食习惯是肉食比蔬菜水果多吗？

8. 你最近缺乏食欲吗？

9. 你通常在深夜12点后才上床睡觉吗？

10. 你躺在床上的时候，常常辗转反侧，睡不着觉吗？

11. 你常感到时间不够用而匆匆忙忙吗？

12. 你常疏忽紧急而重要的事情吗？

13. 你不喜欢做琐碎又重复性的工作吗？

14. 你对突发性的工作没耐心吗？

15. 你懊恼自己赚钱的速度不够快吗？

16. 你担心自己的储蓄不够或投资失误吗？

17. 你早有提升专业能力的想法，但迟迟还没有行动吗？

18. 看到同事表现杰出，你觉得自己不够好吗？

19. 你看到灾难新闻，情绪往往会受影响吗？

20. 气候如果阴雨潮湿，会让你的情绪低落吗？

项目 4 互动游戏

角色扮演

卡片 1：

请根据人物描述，自编 5 分钟情景剧并呈现。

无论何时何地，我的理念是："和我在一起吧，我让你每天都开开心心的！"

卡片 2：

请根据人物描述，自编 5 分钟情景剧并呈现。

我的理念是：任何时候，任何事情"没有最好，只有更好"。

卡片 3：

请根据人物描述，自编 5 分钟情景剧并呈现。

我的理念是：工作上不要跟我谈任何做不到的理由，"没有越不过的障碍，能者为先，矫情一律走开"。

卡片 4：

请根据人物描述，自编 5 分钟情景剧并呈现。

我在工作上的理念是：不求最快，但求最稳，尽量少出"幺蛾子"。

领导力
职业院校学生"关键能力"培养课程系列

项目5　课堂演讲

我的感恩计划表见表1-1。

表1-1

时间	我要感谢的对象	完成情况

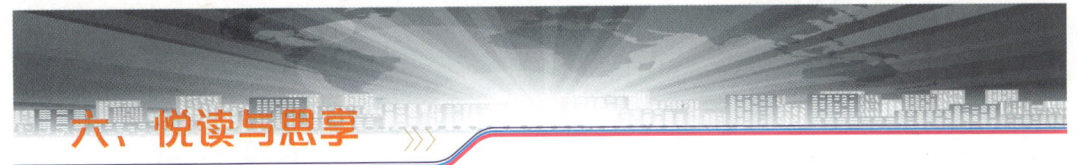

六、悦读与思享 >>>

（一）悦读

1.《FPA 性格色彩入门》

◎ 图书编号：D1B01

◎ 出版时间：2012–05–01

◎ 著者：乐嘉

◎ 内容简介：

乐嘉把人的性格分成红、蓝、黄、绿四种颜色，每种颜色代表一种性格，不同性格各有优劣，书中从一个作者潜心研究的测试题入手，快速地让自己判断属于哪种颜色。接着从情感、生活、工作、处事以及自我提升方面说明红、蓝、黄、绿的优势与局限性。帮助我们认识自己、了解他人。

◎ 推荐理由：

本书将会告诉你虽然经常有人抱怨上天不公，然而至少在一点上，老天爷无比公平。那就是一定将性格本色中的力量和局限同时给你，绝不会有人幸免。应当学会尊重不同性格的人之间的差异，理解每一种性格都有其优势，也有其局限性。这对于化解矛盾，构建一种和谐的人际关系是非常有益的。

2.《压力管理》

◎ 图书编号：D1B02

◎ 出版时间：2011-08-01

◎ 著者：哈佛商学院出版公司（编者），王春颖（译者）

◎ 内容简介：

　　压力是工作中不可避免的一个组成部分。如何才能控制压力水平？本书探索压力成因，制定把压力变成行动的策略，帮助他人应对过度的压力，并提供一些对工作压力进行管理的建议，这些建议都非常切合实际，而且都是经过亲身验证的。

◎ 推荐理由：

　　本书介绍的缓解压力的方法实用、有效，无论你是在办公室、会议中，还是在路上，这本轻便的顾问书都能够满足你更快速、更高效地处理日常问题的需求，非常适合现代人阅读，是一本缓解压力的枕边书。

（二）思享

1. 领袖文化观察 创始人铸就企业性格

◎ **案例编号：** D10201

◎ **来源：** 光明网，责任编辑李超，2014–12–25

◎ **内容**

我们常说，创始人的性格决定了"企业性格"。"企业性格"决定企业行为，创业者（大多是目前企业的掌门人）的个人特质，基本会被潜移默化移植到企业文化中。这些企业领袖们的个人爱好对企业文化和企业性格的形成产生着不小的影响。

李厚霖：连续转山八年的佛教徒

近期，热销新书《转山八年》为世人展示了恒信钻石机构创始人李厚霖不为人知的一面。虽然这本《转山八年》所切入的角度是李厚霖从 2007 年至 2014 年的转山经历和修行感悟，但是当我们回过头来再去看李厚霖一手创办的恒信钻石机构和 I Do 基金时，会发现转山八年的修行其实已经通过李厚霖渗透到整个恒信，成为了恒信企业文化的一部分。

恒信钻石机构的企业文化只有四个字：用心做事。作为一个佛教徒，李厚霖认为转山首先应该是虔诚的，如果只是想欣赏美景，大可不必选择转山。佛教说发心，其实更多强调的是做事的态度，你有意愿要做一件事，就必须要对这件事足够虔诚，否则你一旦遇到困难可能就放弃了，坚持和忍耐之后的成功才会让你的内心获得满足。

王石：登上珠峰的地产大佬

作为万科的缔造者之一，王石的名字早已家喻户晓，而王石爱好登山这件事也随着他成功登顶珠峰而广为人知。王石树立了他"征服自然"的个人形象，这样的个人形象赋予万科集团的，则是不断进取、具有挺立潮头的坚韧意志和具有实力的地产龙头企业形象。

王石认为，经营一个企业，就如同登山，每前进一步，都是向着光明和更大的成功、更高的利润靠近，但同时也意味着更大的风险、更严峻的考验，或许更惨烈的失败。企业的实力支撑，不仅仅是单纯的经济行为，企业的社会形象可以说是载舟之水。王石的登山不管是个人爱好也好，借此为企业宣传也好，至少万科人的自信与自豪带给企业的无形资产价值，是无法用金钱衡量的。

马云：太极拳的忠实爱好者

马云喜欢太极拳是众所周知的事，在卸任阿里 CEO 时，他联合李连杰创立了太极馆——太极禅院。太极拳讲究快慢张弛，互联网公司运转节奏快，马云试图通过太极文化消除同事们内心的焦躁。

马云说："越学习太极越发现，其实我做企业，无论是企业内部员工的管理还是与客户、与竞争者的关系，几乎完全按照太极的宗旨。"太极拳不仅仅是一种古老的拳术，它还有丰富的思想内涵，在拳理、拳术之中充满了中国式的哲理和东方智慧。不但能运用于企业管理，同样也是一本职场生存的宝典。

在最近的"中国企业领袖论坛"上，学诚法师说："企业领头人素质高低决定企业未来发展的方向、结局，素质是一种综合力量的体现。"诸多成功企业证明了这一点，企业领导人的基因决定着企业的气质性格，直接影响着企业文化和企业的未来。

◎ 思享点

①请分析自我性格的优劣，仔细想一想自己的性格特质适合选择什么性格的企业领袖？

②请分析不同企业领袖性格促使其成功的关键点，同时，如何完善自身性格走向成功？

2. 上班族减压有奇招：办公室遛狗 男员工学针线活

◎ **案例编号：** D10221

◎ **来源：** 中国新闻网，赵海建，2010-05-19

◎ **内容**

很多上班族都感受到压力

5月14日，深圳富士康龙华科技园再次发生员工跳楼事件，这是这家制造业巨头今年来第9次发生类似事件。

尽管人们可以发现在这些跳楼员工身上出现诸如婚恋、家庭和疾病之类不顺，但这么多员工在这么短的时间内跳楼，企业无论如何都应该进行适当的反思。

其实，无论在我们的邻国日本和韩国，还是在遥远的欧美国家，上班族都面临让人喘不过气来的压力。在经济环境欠佳的情形下，这种压力变得更为沉重。为减轻员工压力，外国企业高招迭出。或许，换一种生活方式，你会快乐很多。

你有压力，我也有压力

富士康员工跳楼事件很容易让人想起法国电信的员工自杀潮。当然有压力的不仅仅是法国电信的员工，在美国和英国这样的发达国家，你都会看到大批不快乐的上班族。

美国上班族脾气变坏

美国上班族的脾气正随着原油价格飘升、生活成本飞涨而变得益发暴躁。南佛罗里达大学心理学教授保罗·斯佩克特做出的调查显示，美国近一半在职人员曾在工作中出现大喊大叫、骂脏话等情况；约1/4受访者表示，曾因不堪压力而流泪；88%的劳动者认为，如今工作中遭遇的粗鲁行为明显比过去增多；约1/6的人曾在工作中见到拿东西出气造成财产损毁的案例；1/10的人在工作时见到过因情绪不佳引发暴力冲突的事件。

英国打工仔情绪病多

英国慈善机构 Mind 最近对 2050 名英国上班族进行调查后发现，上班族罹患精神疾病的人数大增，平均每 11 个人就有 1 人向医生求助。9% 的受访者必须求助医师，7% 的人则必须服用抗忧郁处方药，才能面对职场的压力。报告显示，20% 的受访者说，工作压力使他们身体不适，25% 的受访者甚至因为无法承受工作压力而在办公室掉泪。

企业出招

美国：推行弹性工作制

在金融危机爆发后，一种减压方式——弹性工作制在美国日渐风行。

弹性工作制可以允许员工偶尔改变工作时间、给少数员工更大选择空间，甚至完全在家办公。

在惠氏公司下属的一家药品研发机构，有的员工为避开交通高峰时间，每天从早上 7 时干到下午 4 时；有的员工因为每周的某天下午要带孩子上学习班，其他日子就多工作一会儿。

研究显示，在弹性工作制下员工更有满足感、工作更投入。

澳大利亚：老板出钱学跳舞

澳大利亚的企业给员工减压的招数很特别，一般由公司老板出钱，请专业人士在上班时间教职员跳舞的热潮在澳大利亚兴起。

一家名为"莱格斯企业团队构建"的墨尔本公司为澳大利亚的知名大型企业提供一种与众不同的提高工作效率的培训服务——舞蹈训练。该培训公司的经理莱格斯表示，教授员工跳交谊舞不但可以增进员工间的了解和配合，更能够化解压力、融洽人际关系。

英国：可在办公室遛狗

英国西约克郡布拉德福市的一家公司负责人为缓解工作人员的情绪，把一只 9 个月大的小狗鲁珀特带进了办公室，这一做法却有了意想不到的收获。此前，员工们在休息的 10 分钟时间内大多在抽烟，而现在却争着去遛狗，甚至几个人一起去遛。

研究结果显示：宠物可以减轻压力，增加人的幸福感。现在，很多员工已经改变了休息方式，他们在休息时间里带着狗在办公楼附近走走。另外，由于活动量增大，他们的体重也减轻了。

日本：男员工学针线活

日本一些公司为了缓解压力，主动为员工购买减压商品，比如新款的减压机器，包括一台爆笑机，可以让员工适当地释放身体压力。减压娃娃奇特的触感，让人握在手中，可以自然释放紧张的情绪。

日本东京一帮 40 多岁的中年男子为给单调的生活增添色彩，缓解工作压力，最近组建了一个"老爷们儿缝纫俱乐部"，一有时间，他们便做起了针线活。近日，东京众多白领女性还学起了日本传统的武士刀，用来减压。

员工出招：转变生活方式

自我减压

在不堪承受的压力面前，一些上班族毅然改变原有的生活方式，而选择一种更为轻松的生活。

躬耕乡野

如今越来越多的职场精英选择告别职场生涯，尝试躬耕乡野的田园生活。日本半官方机构国家农业协会成员五十岚干夫经常接到城市上班族关于务农问题的咨询。他说："日本许多城市上班族表示渴望归隐田园，过一种更安宁的生活。"

渴望田园生活的上班族大多是出生在 1947～1949 年间的"婴儿潮"时期，"哥斯拉"系列影片的摄影师江口宪一就是其中一员。现年 63 岁的江口宪一从业 30 余年，尽管事业有成，但他已开始厌倦。于是，江口宪一卖掉摄像机，置办拖拉机等农具，正式开始务农。

转做蓝领

在英国，由于失业率不断攀升，许多金融行业或大公司的金领、白领阶层们为了生存纷纷"委曲求全"，寻求需要技能较少、工资较低的蓝领工作。这些改行的前金领、白领们纷纷称，他们对现在的工作都感到非常满意。

现年 29 岁的丽莎是英国南安普敦市一家大公司的老板秘书，一年的收入超过 4 万英镑。由于不堪压力，丽莎当了一名码头工人。尽管薪水少了将近一半，但丽莎很快就爱上了这份工作。丽莎说："有时候，当我穿着肮脏的工作服躺在一艘轮船底下喷油漆时，我常会忍不住笑起来。虽然我挣得比以前少，但我感到比以前更轻松了。"

◎ **思享点**

①思考如何借鉴国内外压力管理的方法对自己当前学习过程中面临的压力进行减压？

②除了文中提到的几种减压方式，思考还有哪些可行的方法提供给公司管理者，帮助员工减压，以提升工作效率。

领GING导DAOLI力

单元二
优势与自我激励

山海争水，水必归海，非海求之，其势顺也。

——《刘子·思顺第九》（刘昼，北齐）

编号：D12W1

一、课程背景

当今社会，人才济济，无论是在学校还是职场，竞争都非常激烈，一个人如果在成长中能够充分认识到自己的优势和劣势，将会有利于自己克服缺点、发扬优势，在择业、就业中更好地扬长避短，使工作的乐趣大大增加。同样，在这个世界上，没有一种成功不是自我激励的结果。不管什么时代，不懂自我激励，你就与成功基本无缘。自我激励，不是简单地在内心给自己加油、鼓劲，它是一种有具体方法可循的心理技巧。当你掌握了这些，面对各种困难和挫折时，内心就会自动生出一种积极向上的动力，推着你不断向前，战胜眼前种种障碍，达成目标、实现梦想。在这个过程中，你会惊奇地发现：你变得比以前更自信、更乐观、更强大了。作为一名即将步入社会的学生，更应该明白自身优势并发挥特长，不断自我激励，只有如此，才能使自己在职场中展现最大的价值。因此，优势与自我激励是提升学生关键能力的重要内容。

二、学习目标

1. 了解并发挥自身优势，奉献最大价值。
2. 学会自我激励，顺利克服各种难关。

三、课程重点

1. SWOT 分析法及在个人求职过程中的应用。
2. 个人优势的总结分析。
3. 自我激励及其作用。
4. 自我激励的依据和方法。

四、课程内容

本课程主要讲述优势的 SWOT 分析、求职者个人优势的修炼、自我激励的重要性、自我激励的方法。第一，深入分析 SWOT 分析法及其在个人求职中的运用；第二，按照 HR（Human Resource，人力资源管理）的普遍关注开展个人工作优势的修炼；第三，分析什么是激励，了解在什么情况下需要进行自我激励；第四，讲述自我激励的依据和方法，以及如何运用恰当的方法进行有效激励。

（一）优势的 SWOT 分析

1. 何谓 SWOT 分析法

SWOT 分析法又称为态势分析法。早在 20 世纪 80 年代初由旧金山大学的管理学教授提出，它是一种能够较客观而准确地分析和研究一个单位现实情况的方法。

2. SWOT 分析的基本规则

- ◇ 对公司的优势与劣势有客观的认识。
- ◇ 区分公司的现状与前景。
- ◇ 考虑全面，对优势、劣势、机会、威胁都进行分析。
- ◇ 与竞争对手进行比较。

- ◇ 简洁化，避免复杂化与过度分析。
- ◇ SWOT 分析法因人而异。

3. 企业 SWOT 分析步骤

①罗列组织内部的优势与劣势，以及外部可能的机会与威胁。

②对 SO（优势、机会）、ST（优势、威胁）、WO（劣势、机会）、WT（劣势、威胁）策略经行甄别和选择，确定组织目前应采取的具体战略与方针。

③优势、劣势、机会、威胁相组合，形成 SO、ST、WO、WT 策略。

4. SWOT 个人求职分析的四个步骤

①评估自己的长处和短处。

②找出职业机会和威胁。

③列出今后 5 年内的职业目标。

④列出一份今后 5 年内的职业行动计划。

（二）求职者个人优势的修炼

为了获得适合的人才促进企业的发展，HR 通过面试挑选各种各样的优秀人才到企业工作。HR 是以什么标准挑选求职者进入职场的呢？

1. 提升关键能力，培育敬业精神

网络上曾经不断爆出名牌大学生"虐猫事件"、"硫酸泼熊事件"等新闻热点，这是施虐者自身人格有缺陷或心理畸形，爱心与德育教育缺失造成的后果，不尊重他人、以自我为中心的狭隘心理充斥着现在很多年轻人。但与此同时，企业却越来越关注年轻人的道德修养与综合素质。如今，企业招收员工已不再单单看学历，更会关注求职者的"关键能力"。一位气质出众并展现出优秀道德修养的求职者更容易吸引 HR 的目光；相反，所有的 HR 也深信，一位努力的坏员工导致的企业损失将更大。

2. 提升学习能力，丰富专业知识

面试官重点看学历、学校、教育背景和所获奖励，这些信息一定程度上显示你的学习能力和专业知识，这正是企业需要的。学习能力强、专业知识丰富的员工再学习能力好，能够快速接受企业的新知识，融入新环境，促进企业发展，营造良好的企业文化和氛围。

3. 增强沟通能力，塑造合群性格

面试时，面试官经常让你描述自己的性格，他们想了解你的性格特征，想知道你的沟通力的强弱及是否合群。沟通能力强并且合群的人无论到哪行哪业都是受欢迎的，企业也需要此类人才拓展人脉，创造和谐的团队。但是性格并不是很快能辨别出来的，你可以做一次性格测评，并且把测评结论附加到你的个人简历上，让 HR 眼前一亮，增加你的个人竞争力，赢得面试胜利。

4. 保持身体健康，提升抗压性

入职前，大多数求职者都是被要求到指定医院进行体检。除了为员工购买医保这个基本需要外，企业也需要知道求职者的健康状态。因为，企业并不希望招聘到体弱多病、不能负荷工作压力、常常请假和报销医药费的员工。所以，HR挑选求职者时，要确认员工身体健康状况和压力承受力。

5. 主动适应环境，遇事沉着冷静

环境适应性是一种综合性的心理特征，是指一个人在面对各种复杂环境时，在心理上适应社会生活和社会环境的能力。环境适应性强的人，遇到各种复杂、困难或危险的情况时能够泰然处之，高效甚至超常地发挥自己的原有能力；而环境适应能力弱的人，一旦遇到特殊情况，比如考试、比赛、公众演讲、重大活动、陌生拜访等，就容易惊慌失措，不知如何应对，表现失常。

6. 提升反应能力，积极进取

职场新人初到新环境，通常会对人和事表现出极大的热情和积极性，但时间一长就会消极怠慢，此类人员将会被企业最先裁掉。因此，能够为企业所重用，并能得到快速晋升的员工一定是反应能力强且具有上进心，愿意积极学习不断成长，为企业带来源源不断利益的人。

（三）自我激励的重要性

1. 什么是激励

激励就是用各种有效的方法去调动人们的积极性和创造性，使人们努力完成任务，

实现目标。

2. 激励的作用

激励可以让被激励对象充满激情地面对学习、工作、生活，同时能够迎接挑战，在平凡的工作中做出不平凡的成绩。哈佛的研究表明：没有受到激励的人，能力只能发挥 20%～30%；受到激励时，能力可发挥至 80%～90%。即一个人在通过充分的激励后，所发挥的能力相当于激励前的 3～4 倍。

3. 激励的时机

（1）情绪低谷时需要激励

工作和生活中不如意之事十之八九，遇到麻烦事、烦心事是常有的，人的情绪不免跟着这些麻烦事变得烦躁、不安、忧虑等。低落的情绪往往使得人们更容易转向负面思考，造成恶性循环。但如果此时能够获得点拨或开导，引导情绪低落者朝向积极的一面进行思维，他们将会渐渐远离负面情绪，重新拾回阳光心态。

（2）遭遇挫折时需要激励

人生不可能一帆风顺，遇到失败和挫折未必是坏事，人生道路上的困难与挫折到底是阻挡我们前进的绊脚石还是推动我们往前走的踏脚石？这取决于我们的选择。如果能够从挫折和困难中获得正面价值，那么我们遇到的每一个困难，每一次失败，都可以成为人生历程中的一块块垫脚石，而激励正是帮助我们从挫折中获取力量的法宝。

（3）信心不足时需要激励

有的人是天生的乐天派，有的人是天生的悲观者，乐天派并不是不会悲观、不会自卑，而是他们善于调节自己，能够很快从悲观的恶性循环中走出来。然而，并不是每个人都善于调节自己，所以需要周围的人给予适当地激励，以便使自己顺利完成工作或者恢复平稳的情绪。

（4）关键时刻需要激励

人是群居的高级动物，需要相互扶持、相互合作才能够生存与发展，所以，在我们人生中的重要时刻需要得到鼓励、支持、安慰。例如高考时需要老师和家长的理解和鼓励，让我们的压力避免过大到影响正常发挥；求职时需要帮助才能够获得经济支持和面试机会；遇到经济窘迫、失恋、失意的时候也需要激励和帮助才能够顺利跨出困难和阴影。

（四）自我激励的方法

1. 马斯洛的需要层次理论

人活着自然而然就有需求，吃穿住行是最基本的需求。没有吃，人就无法生存，没有穿，人就无法出门。人的需要影响人的行为，而且只有未满足的需要能够影响行为，满足了的需要便不再起到激励作用。人的需要按重要性和层次性排成一定的先后顺序，从基本的（如衣食住行）到复杂的（如天人合一）。当人的最低层次的需要得到最低限度满足后，才会追求更高一级的需要，即生理的需要满足后才会追求安全的需要，如此逐级上升，对于需要的满足可以成为推动人们继续努力奋斗的内在动力。

2. 激励从何入手

激励正是从需要入手的，当一个人为钱工作的时候，给予他奖金就能够激励他更加努力地工作。当一个人的生理需要满足之后便开始追求安全的需要，安全的需要包括心理上、物质上的安全保障，即对人身安全、生活稳定以及免遭痛苦、威胁或疾病等的需求。安全需要还表现为财务不被盗窃或威胁、职业有保障、社会保险和退休基金有保障、有心理倾诉对象等。当安全的需要满足之后又开始追求更高一层次的友爱和归属的需求，依次类推。

3. 自我激励的要诀

（1）利用时间，磨炼你的热情

激励首先靠自己，开动自己的"发动机"，就是要让自己浑身充满力量。所以，每天花一点时间（即使一天只有 15 分钟）用在自己最喜欢的事情上，这是产生动力的有效方法之一。

（2）写下让你为之骄傲的事情

准备一张小卡片，每周至少写下 3 件让你感到骄傲的事情。当颓废的时候拿出来看看，这将帮助你充满信心和激情。

（3）准备一个"奖状"公布栏

在家里找到你每天最常经过的一面墙，挂上一个公布栏，把所有能够展现自我价值的"奖状"都贴在上面，这些"奖状"可以是他人的好评，公司的奖励、领导的表扬、朋友的信任等。

4. 自我激励的方法

（1）树立目标

每个人一生都有着各种各样的目标，即使主观以为自己没有目标的人，其实也是有着他本人没有厘清的想法、愿望等。例如，多挣些钱、买一套房子、换一辆好车等，这些愿望都可以转化为具体的目标。多挣些钱可以梳理为明年工资增加20%，买一套房子可以梳理什么时间买、面积多大的房子、在哪里买。每天起床后首先想到要为自己最近即将实现的目标而努力，便会立刻干劲十足。

（2）离开舒适区

如果一个人每天在工作中总是感觉到游刃有余、顺风顺水，时间久了便容易产生厌倦情绪，进而使得个人惰性增加，意志消沉。所以，人们常需要新鲜事物进行自我刺激，当我们习惯了一个环境或一项工作之后，就要不断提醒自己学习新知识、新方法，慢慢提升能力，以便承担更具挑战性的工作。

（3）争分夺秒

时间对于每个人来说都是公平的，如果不能在有效的时间内完成工作，完全可以依靠加班来提升工作品质，加班对于一些人来说是厌恶、拖延的代名词，然而对于很多企业家或优秀员工来说，加班只是另一种形式的日常工作。很多事业优秀的人舍弃周末，舍弃假期，将自己更多的时间定义为工作日，然而他们却乐在其中，这是因为他们在追求自己更大的价值，奉献自我、服务他人，这同样能增强他们的幸福感和满足感。

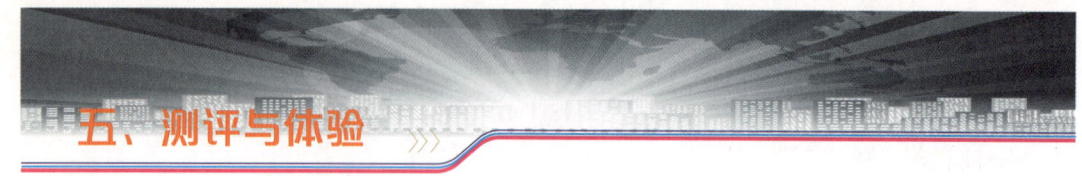

五、测评与体验

项目 1 课堂演讲

自我优势介绍

随机选择学生即兴演说，向大家阐述自己最明显的三个优势，并分享如何将这些自我优势体现到学习和工作中。

项目2　小组讨论

我的求职 SWOT

各小组选择一名代表，小组成员共同对他（她）开展 SWOT 分析，并整理出结论。

S 优势	W 劣势
你个人具有的优势是什么？	你自己不擅长的是什么？
O 机会	T 威胁
你目前或未来的机会是什么？	你所面临的竞争与威胁是什么？

W:

S:

O:

T:

六、悦读与思享 »»»

（一）悦读

1.《现在，发现你的优势》

◎ 图书编号：D2B01

◎ 出版时间：2013-07-01

◎ 著者：（美）马库斯·白金汉

◎ 内容简介：

本书告诉你如何把工作时间更多地用于你的优势领域，远离弱势地带，牢牢控制、利用自身优势，最大化地实现职业成功。

◎ 推荐理由：

这本书讲解的是一套识别个人优势并将其发挥为才干的方案，最终目的是将才干变为优秀的工作表现。这套方案的核心是网上进行的优势识别器（Strengths Finder）测试，里面有 34 个主导"主题"及其成千上万的组合，通过测试和这本书的讲解，来了解如何最有效地将自己的优势和才干转化为个人和事业的成功。同时，这本书的最大价值在于明晰了一个最重要的观点：提升自己，不在于弥补自己的劣势，而是在于发现、发挥与提升自己的优势。

2.《激励》

◎ 图书编号：D2B02

◎ 出版时间：2014-10

◎ 著者：（美）博恩崔西著，林治勋译

◎ 内容简介：

成功学专家博恩崔西在本书中告诉你如何激发员工的积极性，使员工充满激情地工作，并实现卓越绩效。

◎ 推荐理由：

经过美国一机构对本书的读者开展的问卷调查显示，87%的读者认为本书让自己产生了明显的变化，包括提高了工作热情，敢于接受更具挑战性的工作，提高了面对困难迎难而上的勇气，消除了自己事业前进路上的诸多障碍等。

（二）思享

1. 左冷禅教训——五岳剑派并购案例的 SWOT 分析

◎ **案例编号：** D20301

◎ **来源：** 凤凰出版社，陈禹安，2009-09-01

◎ **内容**

左冷禅最大的梦想就是完成嵩山派对泰山派、华山派、恒山派、衡山派的并购，五派合而为一，成为"五岳派"，以对抗魔教，称霸江湖。

他的战略规划分两步走。第一步是组建五岳剑派的联盟，由他本人担任联盟的盟主。这一步他成功做到了。联盟是一种比较松散的联合方式，所以，左冷禅的第二步则是彻底完成并购，打造五岳派，实现五派合一。

但是，在实施并购的过程中，左冷禅犯了很多错误，最终功败垂成。从此，左冷禅就一直被视为野心家的象征而遭人讥笑。

其实，客观地说，这样的评价对左冷禅是不公平的。左冷禅的错误并不在于他想把五派合一。扩张是一个组织发展到一定的阶段后必然的战略选择。扩张一般有两种方式，一种是通过内部发展，稳扎稳打，实现规模、效益的扩张。另一种则通过并购外部的组织来实现扩张。就这两种方式而言，并购是实现快速扩张的最好方式。又有哪一个雄才大略的领导者不想通过并购让自己的组织快速扩张呢？

对于左冷禅，我们需要做的不是指责他的野心和讥笑他的失败，而是积极探寻他的购并计划失败的原因，从而吸取教训，引以为戒。

五岳剑派中，嵩山派在左冷禅的领导下，发展最快，实力最强，无可争议地成为一枝独秀。所以，嵩山派是最有资格发动并购战略的。

我们不妨用 SWOT 分析的架构来研究一番。

（1）优势（Strengths）

①左冷禅雄才大略，气度不凡

左冷禅能够促成五派联盟，并担当盟主，说明他本人具备了足够的领导才能，在五个门派的领导者中是比较优秀的，否则其他各派的掌门人不会服气。而且，左冷禅雄心万丈，视野宽阔，早就看到只有五派联手，进而五派合一，才能应付极难对付的头号大敌——魔教。而其他几派的掌门人，大多只盯着自己的一亩三分地，根本没有如何应对魔教的长远规划。

②嵩山派人才辈出，高手如云

嵩山派的人才储备远远超过其他四派，仅一流的高手就有数十人。而其他各派则大为逊色，往往只有寥寥数人。左冷禅还招延了许多派外的江湖异人，以备不时之需。

③嵩山派内部高度团结，目标一致

嵩山派所有的人紧密团结在"左核心"的周围，令行禁止，绝无二心。而其他各派则往往有内部分歧，甚至分派别斗个你死我活。比如，华山派就分为气宗、剑宗，内斗不已，导致本派实力大减。又如衡山派，坐第二把交椅的刘正风方当盛年，就金盆洗手，引来江湖议论纷纷。很多人以为是掌门人莫大先生嫉妒师弟武功超过自己，才威逼刘正风退出江湖。事实当然并非如此，但无风不起浪，莫刘二人不够团结却是不争的事实。

嵩山派早就在组织中进行发动，推行了五派合一的远景规划，激发了整个组织的雄心。派中人对领导者左冷禅的终极目标极为认同。反观左冷禅的主要对手——华山派的岳不群，虽然也有合并五派的想法，但只是深藏于心，连夫人都不告知，更不用说告诉徒弟们了。

（2）弱势（Weaknesses）

①愿景推销能力较差

左冷禅未能将愿景由己及人，推销给其他四派的掌门人及门下弟子。并购如果不是两厢情愿，就一定会遇到阻力。而要想实现你情我愿的并购，势必需要并购双方就并购后的愿景达成共识。嵩山派自上而下，人人都知道并购成功后将会力压魔教，称霸武林，因此人人奋勇，个个争先。这样的愿景对其他四派并不是没有吸引力，只是左冷禅作风过于强硬，没有和他们进行深入细致的沟通，只是借助盟主之便，动辄发号施令，以为这样就可以强行统一认识，一致对外。但现实并非如此，其他人囿于见识，不知道这样美好的远期规划，又怎么会心甘情愿来配合他的并购举措呢？更何况，强硬的态度会招致大量的反感。

当并购以不情愿的方式进行，就是一种恶意的并购，势必会导致最强烈的抵抗，最终会造成并购的成本极高。

②过早暴露意图，行事太过张扬

左冷禅早早表现要合并五派的想法，并且用极其强硬的方式告知其他四派，从而让并购对象有了充分的准备，极大地增加了并购难度。

（3）机会（Opportunities）

①魔教虎视眈眈，正为公敌

众所周知，魔教是五岳剑派的共同敌人。五岳剑派的联盟正是为了应对魔教才成立的。当魔教的威胁越来越大时，五岳剑派只有团结起来，才有可能自保。故而，魔教的兴盛反而为左冷禅提供了最好的机会。

②其他四派的领导者要么能力一般，要么胸无大志

在这种情况下，左冷禅的能力与抱负就显得很突出。在人人但求安耽、只把眼光局限于自己门派的时候，卓尔不群的左冷禅就有了更大、更好的机会。

（4）威胁（Threats）

①华山派岳不群伪装君子，暗中图谋

明枪易躲，暗箭难防。岳不群在没有做好充分准备的时候，先是不对并购事宜表态。等待时机成熟，就假装支持并购，暗中谋求五岳派掌门人一职。这是左冷禅面临的最大威胁，但他却丝毫没有察觉。

②少林武当唯恐左冷禅坐大，极力反对

少林和武当是武林中的重要力量，如果它们联手阻止左冷禅，则是一种不容忽视的威胁。

从上述 SWOT 分析来看，左冷禅及其领导下的嵩山派是无人可及的，他要推行五岳剑派的并购战略成功率应该是非常高的。所以，左冷禅的谋划是无可非议的。与其说左冷禅是个野心勃勃的阴谋家，不如说他是个雄心勃勃的事业家。

左冷禅的战略选择是正确无误的。但是，他在执行战略上却犯了不少错误，这才是他应该受人诟病的地方。

这些错误，也是五岳剑派并购失败的原因，具体如下。

（1）未能充分利用机会

左冷禅精心准备，考虑到了各种资源的组合配置，却忽略了敌人、竞争对手也是一种难得的资源。魔教既是五岳剑派最大的敌人，也是一种可以促进内部团结的资源。但左冷禅后来却没有充分利用这个大好机会。只有当魔教对五岳剑派的生存造成严重威胁的时候，只有五岳剑派的任何一派都不能独立对付魔教的时候，五岳剑派才有可能紧密团结起来，才有可能合而为一，融为一体。否则，出于各自利益边界的不同，必然会成为钩心斗角的分立势力。

左冷禅应该精心策划，甚至是故意制造与魔教的纠纷，把五岳剑派全部卷入其中，充分利用敌人的力量来促进自己的并购计划。他不但没有正确地充分利用敌方资源，反而错误地加以运用。他不断派人假扮魔教，对其他四派进行追杀。比如，他派出两路人马，一举歼灭了恒山派定闲、定静、定逸三位高层，恒山弟子也多被杀伤。但最终假扮魔教的真相被揭穿，激起了恒山派的同仇敌忾，激烈反抗。令狐冲更是挺身而出，以一介男子的身份担当起恒山派的新掌门人，笼络了三山五岳的奇人异士，凭空给嵩山派增加了一个强劲的敌手。

即便从阴谋家的角度，左冷禅也应该策划让真正的魔教来追杀恒山派，自己再挺身救险，收买人心，而不是自己假扮魔教，对恒山派赶尽杀绝。

恒山三定身亡之后，恒山派实力大打折扣。这样的恒山派即便归到了嵩山派门下，又能起到多大的作用呢？左冷禅绝对不应该杀死恒山三定。相反，这三位高手应该成为左冷禅对付魔教的得力武器，而不应该成为并购的牺牲品。

另外，在围歼恒山派的过程中，左冷禅派出的高手也是伤亡惨重。综合起来，嵩山派的实力受损的可不仅仅是一星半点。

（2）对威胁考虑不周

左冷禅做梦也没想到，那个貌似谦谦君子的岳不群会暗中使坏，最终令左冷禅功败垂成，眼睁睁看着岳不群踩在自己的头上，登上了五岳派掌门人的职位。回头看来，左冷禅事前所做的一切，都是在为岳不群做嫁衣。

左冷禅对潜在的威胁考虑不周，也是其失败的重要原因。

（3）未虑及企业文化不融合

各门各派的企业文化是不一样的，其价值观也是不一样的。如果将它们合并在一起，却没有相当高超的技能让各不相同的文化和谐融合，即便并购在"结婚"的时候是"你侬我侬"，也会在今后的"过日子"中出现问题。前面两点，是并购不能顺利推行的主要原因。而企业文化的不融合，除了也会阻止并购进行外，还会在并购行为完成后，导致并购的最终失败。

五岳剑派的企业文化和组织气质大相径庭，嵩山派霸气冲天，而恒山派身属佛门，自然是平心静气，与人无争。泰山派是道家一脉，衡山派则是孤僻冷淡，漠不关心。华山派则表现出彬彬君子的风范。即便是左冷禅能够顺利实现并购，恐怕也会因为文化的不融合导致并购并不成功。

（4）并购的成本过高

由于上述因素的影响，左冷禅的并购注定了只能是一场恶意并购。嵩山派也为此付出了惨重的代价。

在武侠组织中，最大的资源就是身手不凡的高手。而嵩山派因为强行推行并购牺牲的高手数量不在少数。比如，死在莫大先生剑下的"大嵩阳手"费彬，因围歼恒山派而被令狐冲杀死的也不在少数。杀敌一千，自损八百。按照嵩山派这样硬桥硬马的推行方法，即使完成了并购，各门派的高手恐怕也死伤过半了，对未来的组织价值大大下降。也就是说，成本实在太大了。

现实中的并购，也有成本过高的例子。这是指并购付出的价格太高，最终也会拖累合并之后公司的运营绩效。

◎ 思享点

①查找资料，深入研究一个企业并购、重组的现实案例，分析其成功或失败的原因。
②用SWOT分析员工个人在并购、重组企业里的优势、劣势、机会及威胁。

2. 身家 15 亿与月工资 5000 元的区别

◎ 案例编号：D20301

◎ 来源：大学生必备网，admin，2014-02-13

◎ 内容

故事主角

刘立荣，湖南益阳人，金立通讯集团董事长兼总裁，身家 15 亿，手机月均销量 45 万部，年销售量超 500 万部，集团年利润超 3 亿元。

李盛，湖南新化人，刘立荣的大学同窗，现为上海一电子公司的技术员，月收入 5000 元。

同窗好友

李盛与刘立荣原本是最要好的大学同窗，也是一对当初同闯广东、同住一间宿舍、没钱时一同挨饿的患难兄弟。然而，10 多年过去，这两个兴趣相投、爱好相近的患难兄弟，其命运为什么会产生如此大的落差呢？

李盛是湖南省新化县人。1990 年 9 月，他考取了校址在长沙市的中南工业大学。那天办完报到手续回到宿舍时，看到一个同学正埋头独自下围棋，他便说："兄弟，我们来两盘行吗？"同学答应了，与他一边下棋一边聊天。通过交谈，李盛得知这位新同学叫刘立荣，来自益阳市农村。那天下午，他俩共下了 3 盘，李盛轻松地全赢了。

此后，同宿舍的他俩经常在课余下棋、聊天。刚开始，李盛棋艺占优，刘立荣从没赢过。但是，刘立荣每次下棋时都认真思考，李盛却认为下棋就是打发时间，总漫不经心。这样一个学期下来，刘立荣的棋艺居然反过来比李盛高出一大截，能让他 3 子了。

李盛很纳闷地问："你怎么提高得这么快？"刘立荣说："你下棋根本不思考，怎么能有进步？"

大二第二学期，为了赚取生活费用，刘立荣提出利用晚自习后的时间到各个男生宿舍去卖牛奶和面包。两人进行了分工，李盛负责去三、四栋男生宿舍推销，刘立荣则负责五、六栋宿舍。刚开始，两人每晚都能赚六七元钱，可不久刘立荣的钱越赚越多，李盛却越赚越少。李盛不服气，可两人调换推销宿舍后，刘立荣每晚还是能多赚七八元钱，而李盛依然越赚越少。一天，刘立荣看到李盛穿着一身汗透了的球衣，抱着食物箱就准备出门，他才恍然大悟地说："你太不注意细节了。像你这样脏兮兮的，谁敢买你的食品呀？"李盛此后听从了刘立荣的建议，每晚出门前将自己收拾得干干净净，一段时间后，他的"生意"果然渐渐好了起来。

这件事后，李盛有些佩服刘立荣注意细节的优点了。此后，李盛学习很用功，大三时还拿到了800元的一等奖学金，而刘立荣却因为平时爱钻研围棋，又喜欢看经济管理类的课外书籍，学习成绩不过中等。但令李盛想不到的是，大学毕业分配时，尽管刘立荣专业成绩并不出色，却有3家单位争着要连学生推荐表都填得一丝不苟的刘立荣。最后，刘立荣选择了去天津有色金属研究所，而学习成绩好的李盛好不容易才将工作落实在长沙前动力机车厂。

虽然分隔两地，但他俩经常联系。李盛觉得刘立荣分配到了研究单位，一定非常满意。哪想到1995年3月的一天，刘立荣来到长沙找到李盛，说："兄弟，我已经停薪留职，准备去广东了。你和我一起去吧！不然，年龄一大，岁月就冲淡了创业激情，到时就没有闯劲了……"李盛听了，也热血沸腾，当即答应一起闯广东。

南下淘金

第二天，李盛便办理了停薪留职手续。1995年3月30日，两个同窗好友坐上了南下的火车。

两人到了广州后，半个月过去，却没找到合适的工作，刘立荣建议去中山市。谁知到了中山市一个星期，两人身上仅剩下两元钱了，还是没找到工作。

他俩去中山小霸王电子智能科技公司应聘技术员。出门前，李盛不慎碰翻水杯，将两人的简历浸湿了。他们将简历放在电风扇前吹吹后，李盛把简历和其他一些东西放进了包里，就连连催刘立荣快走。可刘立荣却将简历夹进一本书里，又认真地压平整，双手将书捧在胸前才出门。李盛不由埋怨说："你真磨蹭！"

到了小霸王公司的招聘现场，负责招聘的副总经过交谈，对他俩良好的专业知识很满意。然而，当他们递上简历时，李盛的简历不仅有一片水渍，且放在包里一揉，加上钥匙的划痕，已经不成样子了。那位副总不由皱了皱眉头。到了下午，刘立荣被通知去面试，并且应聘成功。没得到面试机会的李盛急得快哭了，刘立荣便说："我们去问问吧！"当他们询问时，那位副总马上反问李盛："你连自己的简历都没能力保管好，我怎能相信你工作上的能力？"一旁的刘立荣斗胆说："他是我同学，专业如识比我过硬，既然你相信我，也应该相信他……"李盛这才得到了面试的机会。好在面试时表现不错，李盛最终也和刘立荣一样被小霸王公司聘为技术员。

上班后，两人又同住一间宿舍，一同上下班，一起吃饭，一起抽7元钱一包的红双喜香烟，甚至凑钱买了一套罗蒙西服轮流穿，工作上也互相帮忙。1995年6月底，技术主管让他俩各自设计一套程序。李盛凭着过硬的专业知识，一个晚上就完成了。次日上午，他在宿舍里美美地睡了一觉，下午一进办公室，发现双眼充满血丝的刘立荣仍在埋头查资料，他便说："你还爱磨蹭！我来帮帮你吧！"在他的帮助下，刘立荣下午也完成了设计。李盛说："差不多了，休息吧。"说完，他便又回到宿舍睡觉去了。

李盛离开后，已经两天一夜没睡觉的刘立荣又将程序检查了好几遍，即便觉得没有瑕疵了，他还是将图重新誊写了一遍，直到自己满意才罢休。第二天，技术主管看了图纸后，说："从你们交上来的图纸看，小李的专业基础很扎实，可图纸潦草、脏乱，对工作太毛躁了；小刘的图纸一丝不苟，做事踏实，令人放心……"李盛不服气地想：图纸你看得懂不就行了，干嘛非要清洁干净不可？真是吹毛求疵！

不久，为了制图方便，技术部准备更换一台新电脑，需要由他们在报告上签名。报告写好后，李盛大笔一挥，将自己的名字签得老大。刘立荣提醒说："你的签名这么大，领导的名字往哪里写？再重新写一份报告吧。"李盛却说："你太小题大做了吧？他们随便签在哪不都行吗？"

1995年10月底，技术部一台车床启动时，起落架无法收回，导致无法运转。主管技术的副总检查后，发现原来是起落架上的插销没有拔出。故障排除后，刘立荣写了一份标准操作规范贴在机器上，不但写清不要忘记拔插销，而且对插销要怎么拔，拔出后后退几步，放在何处，都写得清清楚楚。李盛不屑地说："你这不是多此一举吗？大家有了教训，应该已经记在心里了。"然而，副总来检查工作时，看到这张注意事项，高兴地说："写得好，如果都像你一样，留下注意事项，新员工就会避免犯同样的错误了。"

差距初现

看到刘立荣对工作如此细心，李盛还是不屑地认为：你将自己累得要死，还不是和我领着同样的工资，何苦呢？然而，1996年11月，技术部主管辞职后，公司领导认为刘立荣办事认真细致，经手的事很少出错，于是将专业知识不如李盛的刘立荣提拔为技术主管，而给李盛只是象征性地涨了200元工资。

1997年10月，公司为了鼓励刘立荣，分给他一套两室一厅的房子。为他搬家的那天，李盛心里很失落：才进公司两年，他怎么就成了我的上司了呢？

如今他身家 15 亿，我月薪 5000 元

1998 年 4 月，小霸王公司副总裁杨明贵准备去东莞，自己组建金立数码科技有限公司。他将自己一直赏识的刘立荣带到了东莞，担任副总。在刘立荣的推荐下，杨明贵也将李盛带到了东莞，担任技术部主管。

在新公司做了技术主管后，李盛工作轻松了很多。因此，他晚上常去当地的酒吧等场所。有一个周六下班后，刘立荣叫住了他，说："老弟，好久没下棋了，我们来几盘吧？"晚上 9 点多钟，他们下棋正在兴头时，刘立荣接到了一个客户的电话，他马上就说："今晚到此为止了，我得去广州接一个重要的客户。"李盛不解地说："这么晚了还去广州接人？没必要吧！"刘立荣却说："如果接他，在这个小细节上让客户满意，能给公司带来效益，我有什么理由不去做呢？"

2000 年 3 月，刘立荣在审查由李盛写的生产流程报告时，发现报告上居然将 200 元写成了 200 万元。他生气地说："你怎么能这样不小心呢？如果我没检查出来，谁负得起这个责任？工作不能马虎啊，你换位思考一下，如果你是老总，你能将工作放心地交给出现这样错误的员工吗？"

尽管李盛对刘立荣的话点头称是，但心里仍不以为然。2000 年 5 月的一天晚上，刘立荣一边与李盛下棋时，一边打电话对公司文员再三叮嘱："从东莞去广州，你一定要给他买靠右边窗口的车票，这样他坐在车上就可以看到凤凰山；如果他去深圳，你就要给他买左边靠窗的票。"李盛不解地问："到底接待谁呀，你这样婆婆妈妈？"刘立荣说："台湾顺翔公司的杨总，他出门时不喜欢坐汽车而喜欢坐火车。这样，他一路可以欣赏凤凰山的风景。"李盛笑道："这些小事你也装在心里，累不？"可令他没有想到的是，这件小事竟给公司带来了 2000 万元的业务。

原来，4个月后，台湾的杨总在和刘立荣聊天时，无意中问起这个问题。刘立荣说："车去广州时，凤凰山在您的右边。车去深圳时，凤凰山在您的左边。我想，您在路上一定喜欢看凤凰山的景色，所以替您买了不同的票。"杨总听了大受感动，说："真想不到，你们居然这么注重细节，和你们合作，可以让我放心了！"杨总当即将本已决定交给别的公司的2000万元订货单，改交给了刘立荣。李盛听说此事后，心里也很震撼。

2001年10月，金正数码公司发展为集团公司，刘立荣也升任集团公司副总裁。可不久，李盛却给公司带来了莫大的损失：生产部按技术部新开发的模具生产出样品后，才发现模具设计居然出了问题，本该在右边的零件被设计到了左边，一条价值400多万元的生产线全报废了。董事长得知后大发雷霆，做出了取消技术部所有员工年终奖、直接开除事故责任人李盛的处分决定。刘立荣忙向董事长求情，董事长最后虽然收回成命，但还是撤了李盛的职务，让他当普通的技术员。

几天后，李盛找到刘立荣，说："我知道你对我好，但我不能拖累你，我还是离开公司吧。"刘立荣不好强加挽留。离开金正数码公司后，李盛在东莞市虎门镇兴利电子公司找到了一份做技术开发的工作。

不同的命运

2002年7月的一天，李盛与刘立荣在虎门镇相遇。刘立荣告诉李盛，自己准备辞职创业，筹资成立一家属于自己的通讯设备公司，并邀李盛和他一起干，可李盛摇了摇头，说："我已经买了房子，不想再奔波了。"

此后，刘立荣招兵买马，创建了金立通讯有限公司。一晃7年过去，李盛仍只是一个技术员，依然抽着7元钱一包的红双喜香烟，挤公交车上下班；而刘立荣贵为金立集团的总裁，开着奔驰600轿车，成了亿万富翁。

　　2009 年 3 月，兴利电子公司由于受金融风暴的影响破产了，李盛只得到深圳另找工作。此时，刘立荣的金立集团已成为国内手机企业的重要品牌，他自己身家 15 亿。李盛想过请昔日的哥们刘立荣帮助自己谋一份职位，却又觉得没脸相求。2009 年 9 月，他在上海的一家电子公司重新找到了工作，月薪 5000 元。

　　接受采访时，李盛反省说："以前，我总觉得刘立荣职务扶摇直上，事业飞黄腾达，是一种偶然和幸运。我现在才明白，他是因凡事注意细节，不断进步。细节决定命运啊！"

　　细节决定命运，李盛的反思确实有道理。无论在生活中，还是在工作上，是否能够注重细节，绝对影响着我们每个人的命运。年少时同样高矮的伙伴，每个月可能只会比自己高一毫米，差距毫不起眼，可十年八年后，他可能就会长成巨人，而自己却形同侏儒。刘立荣的成功，肯定是因为他有很多优点，但他在职场从起步到成为老总这个人生最重要的跨越阶段，注意细节，绝对是他赢取人生每一步的重要原因。因为，注重细节不仅仅是一种习惯，更是一种高级职业精神，它能引领你不断完善自己的人格和能力，一步步走向成功！

◎　思享点

　　①列出造成文中两位主人公多年后差距悬殊的关键原因及影响你的最大启示。

　　②为了在多年后跟得上经济社会的发展，你打算在接下来的学习生涯中做出哪些改变？

领GAOLI力

单元三
修养与艺术审美

如果没有艺术，生活就是个错误。

——尼采（1844—1900，德国，西方现代哲学开创者）

编号：D13W1

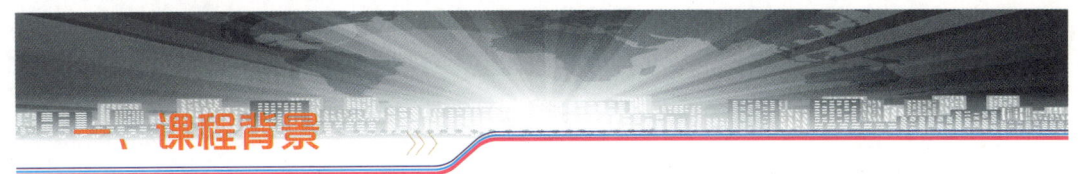

一、课程背景 >>>

　　修养是一种境界，是日积月累的积淀。美作为一种表现形态，客观地存在于现实生活的各个领域。不论是自然美、艺术美还是社会美，都能够引起人们的共鸣，提高心灵意境，启发人的智慧，培养气质、陶冶性情、形成品德、美化人生。审美是审美主体对于客观存在的审美对象在头脑中的一种能动的特殊反映方式，并对该事物是否美的一种情感性的评价和判断。

　　人的生活时时刻刻离不开美，更离不开审美。如果说一个人缺乏对美的感知，那么，即使是在一幅令人叹为观止的传世之作面前，或自然界让人目眩神迷的日落景象面前，或者是生活中无处不在的惊世之美面前，他也只会无动于衷，感受不到那种发自心灵深处的震撼。他可能是飒爽雄健的，但这种飒爽雄健缺乏令人心折的内涵和深度来加以衬托，这样的人生无疑是残缺不全的。

　　我们只有提高审美修养，才能辨别美丑，才能塑造美的心灵，奉献美的产品，才能同一切丑恶现象做斗争，抵制各种低劣、消极、庸俗的风气对社会的污染。审美能力是人的基本素质之一，是通向成才之路的桥梁，更是当今年轻人自我发展的需要。

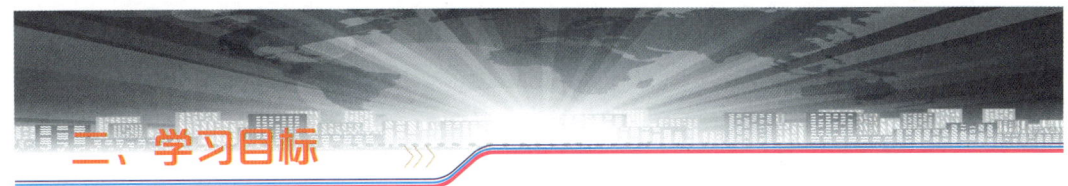

二、学习目标 >>>

1. 提高自身修养，做一个有涵养的人。
2. 通过学习使学生具有发现美的眼睛、感受美的心灵、鉴赏美的头脑。

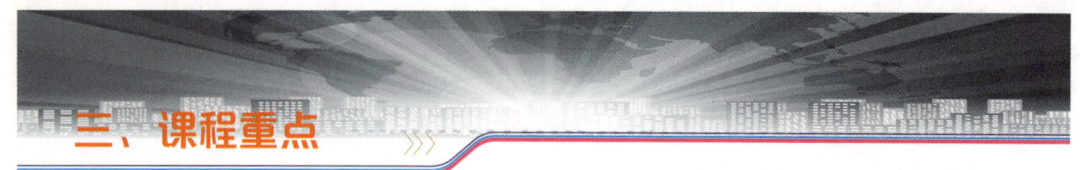

三、课程重点

1. 个人修养的内涵、原则及提升方法。

2. 艺术的历史、概念，东西方艺术的不同魅力。

3. 艺术的认知和审美观的培养，艺术与审美修养的提升。

四、课程内容 >>>

本课程主要讲述个人修养之道与艺术审美。在个人修养部分，主要分析个人修养的内涵、个人修养的三个原则、个人修养的六字经、提高个人修养的方法；在艺术审美部分，主要分析艺术的起源、东西方艺术对比、艺术的概念、艺术与审美、艺术与修养。

（一）个人修养之道

1. 个人修养的内涵

个人修养是指个人认知、情感、意志、信念、言行和习惯的修炼和涵养。一个人只有通过自觉地遵循社会道德体系的要求，更好地履行个人的社会义务，并不断地提升个人的人生境界，才能修炼出良好的内在素质，即所谓个人修养高尚。

2. 个人修养的三个原则

一是谦虚：谦虚是一种风度，中国人喜欢谦虚，在某个方面做得很好却不自大，多看不足的方面，给自己寻找进步空间，在不如自己的人面前不自傲，在比自己优秀的人面前更要谦虚。

二是尊重：尊重是一种礼貌，在家尊重父母和孩子的喜好，在外与人打交道时，尊重对方的人格，尊重对方的习俗，尊重对方的感受，尊重对方的需求。要提高个人修养，必须学会尊重。

三是宽容：宽容是一种心态，对人对事拿得起放得下，宽容是衡量你心理是否成熟，心灵是否丰盈的一把标尺。

3. 个人修养的六字经

一是静。少说话，多倾听。因为爱说话的人，本就失去了一份宁静的美。而且，言多必失。一句俗语"三思而后行",可以引申为"三思而后言"。想说话了,尽量说些幽默、笑话、奇闻,趣事,最忌讳评论单位、同事。

二是缓。古语有句话"讷于言而敏于行",而在某种情况或环境下,应该是讷于言而缓于行。做事不要太冒进,要考虑周围同事的承受能力。有时太快,会让人产生嫉妒心理,即使是领导也会认为你做的太草率。缓,还有个好处,就是可以在别人失败的基础上,选择成功的捷径。

三是忍。面对不公,别气愤,别宣泄。一来气愤伤身体,二来气愤不解决问题。"有肚量去容忍那些不能改变的事,有勇气去改变那些可能改变的事。"这是成功者要具备的素质。既然有些事情不是个人能力所能作为的,何不冷眼旁观呢?宣泄不满,只会降低自己的品位。

四是让。大是大非,原则问题,不能退让。但无关紧要或与己关系不大的事情,尽量听取别人的意见。能按别人意见办的,决不坚持己见。想获得面子的争执即使胜了,也是捡了芝麻丢了西瓜。

五是淡。一切都看淡些。对名利、金钱、感情没有什么是离不开的。得失是辩证的。短暂的失去可能意味着长久的得到。看淡会使你劳累的心灵得到释放,会有机会去尝试别的选择。越是看得淡,就越是心灵平静,就越能体会平凡的幸福。

六是平。平凡、平淡、平衡。如果棱角、锐气太过,就会成为众矢之的。人是要活得精彩,但首先是要能活下去,始终不被踢出局。上下平衡,左右逢源,看似平淡,却是个人修养之高手。

4. 提高个人修养的方法

(1)防止动怒,避免冲动

在与人交往过程中,不顺心、不顺利的事比比皆是,困难、挫折、误解、伤害更是躲不掉,这些情况出现会让我们经常焦急、发脾气,而这正是提高个人修养的绊脚石。多少和睦轻松的气氛由于一些人焦急、发脾气而失控,多少即将买单的客户由于卖方着急、发脾气而失去,多少已经买单的客户由于卖方着急、发脾气而不再续单。一次脾气的发泄却换来莫大的损失,岂不悔哉。

(2)勤奋阅读,丰富知识

人非圣贤,孰能无过。当遇到挫折或者纠结时,常会情绪低落无法保持平和的心态,而书中积极的思想和正面的观念可以替换我们片面的想法。因此，大量看书可以让大脑注入新的思路，开拓人的视野，稳定心态，通过应用他人的智慧提升个人修为。

（二）艺术审美

1. 艺术的历史

赫伯特·里德在《艺术的真谛》中指出："中国艺术大约从公元前 13 世纪开始，历经沧桑，一直延续到现在。世界上没有任何一个国家能像中国那样，享有如此丰硕的艺术财富；从全面考虑，也没有任何一个国家能够与中国艺术的卓越成就相媲美。"

温尼·海德·米奈在《艺术史的历史》中指出："柏拉图认为，事物在自然界中所呈现出的只不过是它们真实本体的影子。他相信有一个共同的本质，他称之为'真、善、美'。尽管这些是非物质的，但它们是终极的真实，与那些必须测量判断的现象相反。"

2. 艺术的概念

《现代汉语词典》对艺术的定义：用形象来反映现实但比现实有典型性的社会意识形态，包括文学、绘画、雕塑、建筑、音乐、舞蹈、戏剧、电影、曲艺等。

3. 艺术与审美

（1）西方艺术审美遵循的原则

艺术是对现实的模仿；凡艺术都是美的；艺术都给人带来愉悦。

（2）东方艺术审美遵循的原则

原始艺术的后裔；结合社会活动与宗教艺术；崇尚自然的"生命之美"；围绕生活的"世俗之美"。

（3）如何提高审美修养

①获取各种美的信息。通过展厅、网络、旅行等方式走进美、发现美、拥抱美。

②进入审美状态，欣赏美好。发现美之后需要进入美的境界感受美的包围，把自我和美融合在一起。

③升华为审美意识。把欣赏美养成一种习惯，将无意审美意识主动、自觉地养成有意审美，有意识地提升审美能力。

④完善审美心理结构。通过专业、系统的学习，完善审美心理结构。

⑤提高全面素质，形成完善人格。审美能力不是独立的，它和人的其他能力结合在一起，要提高文化素养、职业素养、专业素养来共同完善人格，审美水平也会腹有诗书气自华。

4. 艺术与修养

（1）先天与后天

先天是人或事物在某些方面的本来特点和原有基础；后天是人们在实践中增长的修养，如政治素质、文化素质。在心理学上，先天指人的先天的解剖生理特点，主要是感觉器官和神经系统方面的特点。先天是人的心理发展的生理条件，但不能决定人的心理内容和发展水平。某些素质上的缺陷可以通过后天的实践和学习获得不同程度的补偿。

（2）提升艺术修养的三个步骤

第一，要认识到"艺术之美"。艺术美是艺术的核心，它来源于现实美，又高于现实美，具有丰富的内容和鲜明的个性特征。在任何一件艺术作品中，虽然个人欣赏的角度不同，但肯定都能够领略到它的美。散文中的诗情画意、绘画中的绚丽色彩和精巧构图、音乐中的优美旋律和欢快节奏、舞蹈中的轻盈洒脱和灵活飞动等，都蕴含着丰富的美。而这一切的美，都是艺术美。

第二，要学会艺术鉴赏。艺术鉴赏是指人们在接触艺术作品过程中产生的审美评价和审美享受活动。在艺术鉴赏中，鉴赏者不是被动、消极地接受艺术形象的感染，而要能动、积极地调动自己的思想认识、生活经验、艺术修养，通过联想、想象和理解，去补充和丰富艺术形象，从而对艺术形象和艺术作品进行"再创造"，对形象和作品的意义进行"再评价"。

第三，进行艺术创造。之所以说要进行艺术创作，是因为我们的社会生活不可能事事都亲身经历一番，需要从间接的艺术创作及生活中吸取经验和创作素材，扩大自己的视野，拓展自己的艺术思路。艺术创造也是一种转化的过程，按照一定的美学原则，艺术地认识生活并再现和表现生活，将生活转化为艺术作品。这个艺术作品可以是一幅随手涂鸦，可以是一首小诗，也可以是一首歌。在这个转化过程中，我们深入地观察生活、体验生活，掌握生活的内在本质和外在形象特征，然后按照一定的美学原则和创作方法，对纷繁复杂的生活素材进行研究、分析、选择、加工、概括、提炼和改造，综合成为一个具有艺术感染力的艺术形象。

五、测评与体验

项目 小组讨论

讨论1：说说你对艺术的理解。

讨论2：分享一件你最欣赏的艺术作品。

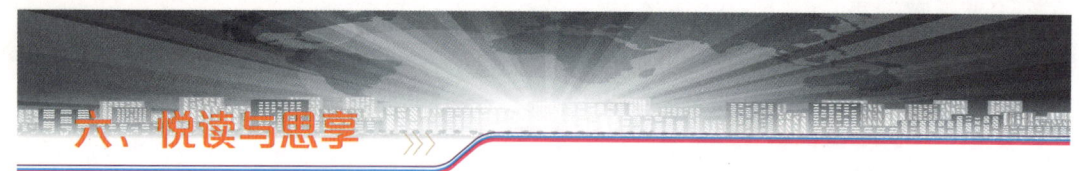

六、悦读与思享 >>>

（一）悦读

1.《艺术、审美与修养》

◎ 图书编号：D3B01

◎ 出版时间：2013-03-01

◎ 著者：乔闻钟

◎ 内容简介：

通读本书你会知道作为青年人要具备什么样的审美意识和修养。你会明白：人生的意义在于因美的客观存在而产生对美的追求；人生的价值是因为本身的美得到认可而得到实现；人生的使命在于不断地创造美。

◎ 推荐理由：

本书告诉你艺术作品为什么能够影响人的心灵并塑造人？它是怎样影响人的心灵并塑造人的？日常影响我们学习、工作、生活与人生幸福的艺术有哪些？如何在日常生活中提升个人的内涵、气质与修养？

2.《修养》

◎ 图书编号：D3B02

◎ 出版时间：2009-05

◎ 著者：（日）新渡户稻造著，王成、陈瑜译

◎ 内容简介：

个人修养是一种内在的素质，你可以没有美貌、没有钱财，但不能没有修养，修养代表一种境界，一种风度、涵养、心态和礼仪。修养无法用钱来买，只能通过不断要求自己、完善自己逐步熏陶而成。

◎ 推荐理由：

在绝大多数人普遍把物质作为最高追求的时代，我们的精神萎靡了，本书呼吁精神的重要性，钱财可以带来富足，带不来幸福，而修养可以带来幸福。这也许是生活在今天经济社会中的每一个人最需要补的一堂课。

（二）思享

1. 仲呈祥：普及艺术教育 培养审美人格

◎ **图书编号：** D30221

◎ **来源：** 中国艺术报，冯巍，2014-06-30

◎ **内容**

发展艺术教育不是为了说教

○冯巍：仲先生，很高兴又见到您。我在此之前对您做过三次访谈，2012年1月、2012年8月和2014年1月，话题分别围绕"如何用文艺批评激活民族的艺术思维"、"如何用文艺批评增强文化自觉和文化自信"、"如何让美丽中国感动世界"展开。在一系列的访谈中，我特别注意到您思想上的定力、持续性和生长性。所以，今天首先想请您谈谈，您一直以来是如何看待艺术教育在社会生活中的位置的？艺术学升格为学科门类之后，您对于艺术教育的发展又有什么新的设想？

●仲呈祥：我曾经归纳过自己从事文艺工作近半个世纪的经验，就是"文化化人，艺术养心，重在引领，贵在自觉"这16个字。在引领社会风尚、造就良好文化氛围、提升民族精神力量方面，艺术教育始终都需要发挥重要作用。近些年，艺术一度悬置了应有的教育功能，出现了一种倾向，即只讲群众喜不喜欢、高不高兴、欢迎不欢迎，忘掉了教育引导群众；只讲收视率、只讲票房、只讲码洋，忘记了提高民族的素养。政府现在强调艺术教育问题，既是一种艺术观念上的纠偏，也是适应时代需要的新举措。大力发展艺术教育，不是为了对内说教、对外推销我们的信仰，而是为了对内满足人们进行艺术鉴赏乃至艺术创作的需求，寓教于乐地推动个人乃至民族综合素质的提高；对外讲好中国故事，传播好中国声音，讲清楚中华民族文化对人类文化的独特贡献。21世纪新十年之后的今天，中国的艺术教育正处在一个新的历史转折点上。经历了经济的迅猛发展，经历了文化的剧烈变迁，我们发现，社会文化氛围的总体营造，人民审美素质的整体提升，民族精神格局的全面调整，乃至精英教育与大众教育的走向均衡和深入，更加迫切需要加强和拓展艺术教育的作用。习近平总书记曾经深情地说过，"学史可以看成败、鉴得失、知兴替；学诗可以情飞扬、志高昂、人灵秀；学伦理可以知廉耻、懂荣辱、辨是非"，这实质上就离不开艺术教育。

2011年艺术学升格为学科门类，是中国高等艺术教育史上具有里程碑意义的一件大事。这是绝佳的历史机遇。我们要借着这个机遇进一步发展艺术学领域的学术研究，审视关于艺术创作与鉴赏的现实问题。学术研究要与艺术创作、艺术鉴赏、艺术教育等领域的实践密切配合，一起开创中国当代艺术繁荣的美好局面。比如，我们常常谈到艺术创作要追求思想性和艺术性的统一，同时也要关注到吸引力与感染力即所谓观赏性的问题。认识清楚这个问题，不仅是艺术理论建设的需要，也是现实艺术创作的需要。思想性和艺术性属创作美学范畴，观赏性属接受美学范畴。接受美学范畴的问题不能推给创作美学范畴去解决，观赏性问题不能单一地推给创作者去解决，而是一方面要努力提高受众素质，一方面要努力净化鉴赏环境。对观赏性起决定作用的，不是作品，而是受众，是受众的人生阅历、文化修养和审美情趣，以及受众所处的文化环境。如果总是制造媚俗的热点去诱引受众，炮制大量的低级趣味作品，如果允许这种文化氛围继续存在，观赏性的问题是很难解决的。要相信，任何精神生产在生产自身的同时，也在生产自己的欣赏对象。再美的音乐，对于不辨音律的耳朵，也是没有用的。就像在维也纳，从小孩到老人的音乐素质都很高。新年音乐会并没有什么翻新，都是经典音乐，但是经久不衰。音乐也因之成为了那个民族文明的重要标志之一。这才是我们的艺术教育应该追求的理想境界。

精英教育和大众教育不可分

○冯巍：在您繁忙的社会工作中，不仅担任学术界众所周知的国务院学位委员会艺术学学科评议组召集人一职，还有一个很重要的工作，就是您担任了教育部艺术教育委员会副主任一职。您认为，我们应该如何推动艺术教育的发展？应该如何处理艺术领域的精英教育与大众教育的关系？

●仲呈祥：一个时代有一个时代的风尚，一个社会有一个社会的氛围。风尚是育人的，氛围是养心的。普及艺术教育，是艺术发展、文化繁荣的题中要义。普及艺术教育，能够为人民的文化生活构建美好的风尚，能够为民族的文化生态营造和谐的氛围，以体现中国当代社会的文明水准，改变当下文化生态环境令人忧虑的现实状况。所谓的精英和大众都是人民的组成部分，从根本上是不可分的。面对精英教育和大众教育二分的现状，必须尽力弥合它们之间的鸿沟，必须注意这两个教育领域的互相配合，同时，两者都要致力于帮助人们赢得艺术自信,从而树立文化自信,都要讲大道、存大德,以道引人,以德育人,以文化人,以艺养心。牢记普及与提高的辩证关系,牢记"把满足群众与教育引导群众结合起来,把适应需求与提高素养结合起来",牢记"着意于久远"的战略眼光,这在推进艺术教育的过程中尤其重要。

我特别想强调的就是,人民是我们国家的主体,艺术创作应当以人民为中心。我们的文艺源于人民、服务人民、表现人民,最后创造者也是人民。重视人民的喜欢、高兴、欢迎是必要的,但是,如果只拿人民喜不喜欢、高不高兴、欢不欢迎作为衡量一部作品的唯一标准,那就失之片面。喜欢、欢迎、高兴是重要的标准,但不是全面的标准。全面的标准,是既要受到人民的欢迎,又要能够教育引导人民。我们在市场经济条件下,很少听到"教育"这两个字,但是唯物史观和辩证思维告诉我们,既要满足人民群众的精神需求,又要教育引导人民,这才是全面的。毛泽东在《在延安文艺座谈会上的讲话》中精辟地指出,"在普及的基础上提高,在提高的指导下普及"。正确处理好普及与提高、适应与引领的关系,是辩证思维的必然结论。

毋庸讳言,今天在市场经济条件下,我们将娱乐讲得太多了。娱乐是需要的,但过度娱乐、娱乐至死是可悲的。我们应该实事求是地看到,在市场经济条件下,那种物欲横流的思潮、那种因彰显主体意识引来的极端个人主义倾向、那种对工具理性的盲目崇拜,造就了人性的片面发展,这是客观存在的事实。所有这些,都要靠文化、艺术、教育,尤其是哲学引领来加以匡正。艺术的最高目标、最佳境界是审美,审美的最佳状态是超功利,是造就个体的审美人格——因为当人类面对物质欲望的膨胀、工具理性的泛滥、技术市场主义的来袭时,审美人格是匡正每一位个体的思维走向、令每一位个体更加自由而全面发展的正确途径。培养出这样的审美人格,福荫所及,不独当代。

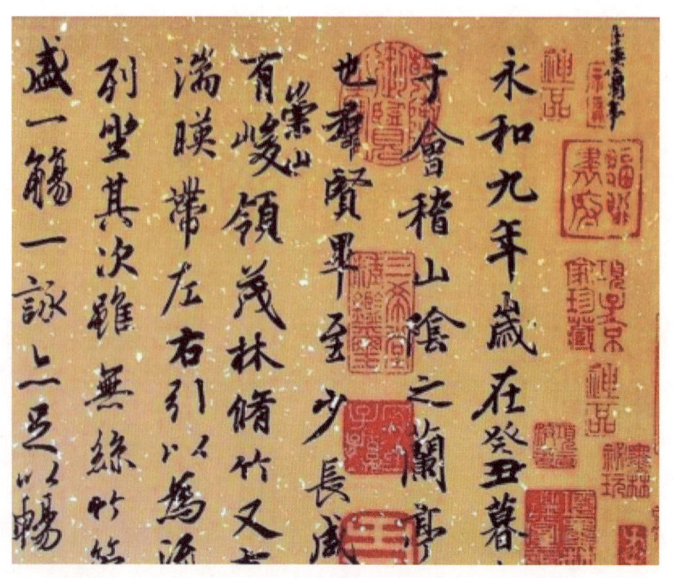

高校要给人才全面发展"补好课"

○冯巍：教育部在今年年初发布了《教育部关于推进学校艺术教育发展的若干意见》，明确了学校艺术教育"立德树人"的根本任务，并且要从 2015 年编制并发布全国学校艺术教育发展年度报告。请您谈谈高等院校在这项工作中应该扮演什么样的角色？其他社会组织应该做些什么？

●仲呈祥：我历来认为，高等院校是民族思维的先锋阵地；高等艺术院校，是民族艺术思维的先锋阵地。普及艺术教育，各级各类的学校都是重要的、基础的阵地，高等院校更重任在肩，理应互相配合，充分发挥各自的教育资源优势。高等院校是培养人才的主要的后端环节，在艺术教育经历了长期无序化发展的今天，尤其要担负为人才全面发展"补好课"的重要职责。一个人只有具备了感受美和鉴赏美的能力，才能够去表现美和创造美。一个高度文化自觉、文化自信的民族理应推动本民族顶尖的艺术家带着他们顶尖的艺术作品，走进高等院校去适应青年人的需求，提高青年人的素养，既服务于他们又教育引导他们。同时要做的，也是更重要的，高等院校要做好艺术类基础课程的建设，要成系列、有特色，要常设常新；要支持学生艺术活动、学生艺术团体的建设，要给年轻人提供发展艺术兴趣的平台。艺术教育一定要从"课外"回归到"课内"。如果这些努力能够长久地坚持下去，它们的良好影响将不只是属于高等院校的，而且是属于整个中华民族的。

其他社会组织，在普及艺术教育方面也要当仁不让。比如，各级电视台。像我们国家电视台最近播出的《父母爱情》《原乡》《大河儿女》，普通人、平凡事中的家国情怀，娓娓道来，这些作品在引领当代青年把个人的爱情、理想、信仰、追求融进国家的责任、时代的担当方面，可以很好地带动青年人的精神成长。这样的作品应当多制作多播出，一定要正确处理经济效益和社会效益的关系，坚持社会效益是最高标准。要认真学习、践行习近平总书记的指示，"要使中华民族最基本的文化基因与当代文化相适应、与现代社会相协调，以人们喜闻乐见、具有广泛参与性的方式推广开来，把跨越时空、超越国度、富有永恒魅力、具有当代价值的文化精神弘扬起来，把继承传统优秀文化又弘扬时代精神、立足本国又面向世界的当代中国文化创新成果传播出去"。

艺术要像阳光一样哺育年轻人

○冯巍：您去年参与了在山东举办的第十届艺术节，不知您对艺术节的整体印象如何？请您谈谈，像这一类的艺术活动，怎样才能保证不沦为艺术本身的自娱自乐，而是真正深入到广大人民群众的生活当中去？如果能够深入的话，怎样才能真正引导和培养当代中国人，尤其是青年人的审美人格？

●仲呈祥：山东"十艺节"办得好，老百姓反响也不错。这种运作模式，非常有助于营造全社会良好的艺术氛围，提高人民群众的艺术素养，值得推广。当然，也不能盲目地大面积铺开，不能重"量"不重"质"，还是要尽量高质化、系统化和常态化。同时，也要大力拓展社区艺术活动的渠道，让老百姓在家门口欣赏艺术，让老百姓亲身参与到艺术中去，最终让艺术成为日常生活的有机组成部分，让"德智体美劳"中的"美"真正融入人们的血液、渗透进人们的精神世界。这便是"人生艺术化"的最佳境界。

艺术活动尤其要如同阳光一样哺育年轻人，帮助他们树立正确的价值观、道德观、伦理观、公民观，驱散他们心灵中形形色色、或强或弱、或多或少的"精神雾霾"，引导年轻人把个人的"梦"汇聚到中华民族伟大复兴的"中国梦"中去。开展各种艺术活动，切忌"形式大于内容"。要引导和培养当代中国人，尤其是青年人的审美人格，必须"导向为魂、内容为王、品质为上"。与各种门类的艺术创作一样，艺术活动的规律也需要好好研究。要践行习总书记的指示，"要利用各种时机和场合，形成有利于培育和弘扬社会主义核心价值观的生活情景和社会氛围，使核心价值观的影响像空气一样无所不在、无时不有"。

艺术评奖要有一双慧眼

〇冯巍：您多年参与各级各类的影视评奖，像电影的金鸡奖、百花奖，电视剧的金鹰奖、飞天奖，以及国家"五个一工程"奖等。在引导艺术创作和艺术鉴赏、培育艺术氛围、推广艺术教育方面，各级各类的评奖应该发挥什么样的作用？

●仲呈祥：艺术领域常常是创作实践在前，理论概括在后，而理论一旦符合实践的需求，就会反过来极大地推动实践。影视工作者应该具有现代人文精神立场和伦理道德立场。影视艺术的文化功能与影视产业的经济效益、社会效益，应当互补生辉。不能让影视作品以利润的方式替代审美的方式来把握世界。单纯靠炒作，利润可能致胜，但艺术却势必致败。当社会效益与经济效益发生矛盾时，我们应当旗帜鲜明地扶持那些社会效益好、但经济效益一时尚不尽人意的作品，而千万不要去鼓吹那些经济效益好但社会效益并不好的作品。

影视艺术特有的审美方式，既肯定人类审美对象感性存在的丰富性多样性，又追求人类审美对象精神意义的崇高性、深刻性。因此，各级各类的影视评奖，尤其是政府奖，要着意于那些能够培养造就沉稳、深刻、幽默、文明的社会文化鉴赏心态的优秀作品。坚守这样的思想导引和美学导引，影视作品才不会局限于满足观众一时的视听快感，以至于从长远上降低甚至败坏观众的审美修养。影视评奖和其他评奖一样，需要有一双慧眼，把代表了中华民族文化精华的作品推到塔尖，进而推到国家级的艺术殿堂，并推向全世界。

◎ 思享点

①你怎样理解"文化化人，艺术养心，重在引领，贵在自觉"这 16 个字？

②从你的角度上思考，通过哪些现实途径可以有效地普及艺术教育？

2. 修养，一个人的精神长相

◎ **案例编号：** D30291

◎ **来源：** 散文网，文菡菭，2014-11-15

◎ **内容**

人之长相，分体貌和心灵。五官之美如花开艳阳，直接；而精神之美似暗香浮动，需依托，靠修养方能呈现。

那什么是修养呢？是文明礼貌、知识文化还是清风明月、淡茶闲花？都对。因为修养是一个非常美好、非常高贵的词语，是一个人的综合素质。但具体落到实处应该是一种尊重，一种待人接物的方法。和文化知识有关，但不是必然的关系，主要来自家庭的影响和后天的修为。

赫本被誉为女神，不仅仅因其貌美，貌美的很多，并不能被全世界的人记住；也不是因为学历，比她学历高的人比比皆是。但她用一生诠释了修养这个概念，她在遗言里这样写道"若要优美的嘴唇，就要讲亲切的话；若要可爱的眼睛，就要看到别人的好处；若要苗条的身材，就要把你的食物分享给饥饿的人；若要美丽的秀发，在于每天有孩子的手指穿过它；若要优雅的姿态，走路时要记住行人不止你一个。人之所以为人，是必须充满精力，自我悔改，自我反省，自我成长，并非向人抱怨。当你需要帮助的时候，你可以求助于自己的双手；在年老之后，你会发现自己的双手能解决很多难题，一只手用来帮助自己，另一只手用来帮助别人。"

这就是对修养最好的解读，也是做人的最高境界，更是心灵之美与外在之美的完美结合。并且修养之美无处不在影响着你的外在之美。如果大家都能做到，那么我们都是天使。赫本告诉我们手是用来劳动而不是索取的，脑是用来忏悔而不是偏执的。手不仅能解决自身问题还能帮助别人，脑不仅能原谅别人还可以让自身不断进步。我们身上每个零件都有用处，那些喜欢到处释放物质垃圾和精神垃圾的人都是不健全的。

年轻的时候住单身宿舍，同寝室有二十八岁的，也有十八岁的。二十八岁的总爱管十八岁的，包括床单的平整，衣服的叠放甚至是牙膏的挤法。为这些小事总是说教挑剔，连旁观者都觉得这个老姑娘有点变态，最后终于爆发战争。这告诉我们，每个人的个人空间都不可以长驱直入，人与人之间必须有一堵墙，这堵墙就是尊重，心灵之门要靠温暖的金钥匙才能打开。不管你年长年幼，不管你对与错，不管你比别人多强，不管你出于什么样的心态和目的，好的言语是必须的。

看过很多父母抱怨自己的孩子不如旁人，那就看看自己是不是样样都行，孩子其实就是站在你面前的镜子。在发成绩单时，在开家长会时，你恼怒了，你大打出手了，这恰恰暴露出你的精神世界的粗鄙。你可以有一千个理由原谅自己，说出自己愤怒的原因，数落孩子的不是。这只证明你自私，证明你只爱自己。孩子丢了你的脸，这才是你发火的主要原因，你要出气，这才是真的。你控制不了自己，这就是你欠缺修养。如果说这是为了教育孩子或为孩子好之类的，那就是冠冕堂皇了，因为不论言教身教都在花开的每一个微距之间。一个平时不管不问、打牌赌博、好逸恶劳、泡网聊天的父母，不要指望中考或高考的馅饼砸到自己孩子身上。孩子不是你的私有财产，也不是你自身的连带，更不是你实现梦想的工具。从剪断脐带那天起，他就拥有独立的人格，即便他的看法、想法不对，可你必须让他发出自己的声音。这就是对生命的尊重，这就是修养。还是纪伯伦的那句话，孩子只是借我们的腹部来到世上，我们要做的就是把弓拉满，让箭射向远方。

我倒是很感动一句话"不需要你养老，只感谢参与你的成长"。我们每个人都需要成长，你的认知对了，你的修养就高了。和孩子说话，一定要学会蹲下，你笑了，孩子的世界自然就是春天了。这里包括你也包括我，事实和时间告诉我们，每个人都需要反省。

修养就是不管你有多强大，当你面对弱小时，你一定让他发出自己的声音，国与国是如此，家与家是如此，人与人更是如此。那些以大欺小、恃强凌弱的行为都是让人不耻的行径。

这世界很多人都在标榜自己有修养，只不过是以贬低别人作为自己的修养，这是文盲，因为他们本身就不知道什么是修养。不是你学历高你就不是文盲了，也不是你有知识就代表你有文化了，更不是你穿的体面就和修养有什么关系了。这些概念不能混淆。

如果指责和帮助是一双手，请你伸出帮助的那只手，把另外的一只留给自己。

修养还体现在一些细节上。饭馆里，一碗汤洒在你身上；公交上，一只皮鞋踩在你脚尖上。你咋办，即便别人不道歉又如何，是随风而去还是据理力争。

有些人吃饭，喜欢把菜翻来覆去，翻得底朝天再夹起一口，哪怕是一盘花生米或青菜都如此。这还不如那些一上来就狼吞虎咽的人率性，暂不说卫不卫生，也不说是不是贫穷年代留下的陋习。我想说这种行为实际暴露了一个人内心的自私和心胸的狭隘。

有的男人有大男子主义倾向，越是在人多的地方，越爱显威风。这都是自身的浅薄，怕有惧内之说。修养的字典里没有怕字，只有尊重、友爱、温暖和谦让。夫妻之道贵在自然，不秀恩爱也不示强弱。你越在乎的就是你越缺失的。经常看娱乐频道各国颁奖，也经常听到大日本帝国和大韩民族的叫法。这也没什么，那是人家的自由，只是希望我们中国别这样，大不大、强不强谁都知道。过好自己的日子，让老百姓安居乐业、吃饱穿暖、没后顾之忧才是真的，干嘛没事叫嚣这些。

杨绛说过读书是为了遇见更好的自己。这句话告诉我们，学习不是狭隘的，不是为文凭学历、升官发财，更不是酸文假醋，故作清高寡淡。而是为了重新塑造我们自己的精神长相，让我们视野更开阔些，能以更好的视角来诠释这个世界。

社会是复杂的，啥人啥事都有，但不喜欢逼迫之说。我更相信，那些杀人放火恼羞成怒的都不是本性使然，而是内心残忍变态所致。这世界上没有逼迫二字，多半都是自己为自己寻找借口，任何事情都有解决的途径和办法。这不是奴隶社会也不是封建社会，需要杀富济贫、揭竿而起；也不是婚姻一旦有人入侵，非要泼硫酸；利益一旦伤害，就要刀兵相见。你相信孔老夫子能举起屠刀吗？如果能，我相信也是正当防卫。我们必须承认，有些事就是修养不够。

当然修养也不是一味退缩。孔子的弟子子贡曾问他什么是修养，孔子就讲了一个故事。说有一条狗，在一条路上喜欢咬人。第一个男人来了，狗开始攻击，这个男人本可以制服它，但还是左躲右闪。狗不依不饶，扑上去狠咬了一口，鲜血直流，男人翻起一脚，把狗踢出很远，狗打个滚落荒而逃。第二个男人来了，狭路相逢，他想自己不是好欺负的，需决斗，狗扑上来时，他抓住狗的两只前腿，狗动弹不得，咬了他胳膊一口，他咬了狗脑袋一口，就这样一口一口轮番咬下去，最后两败俱伤。子贡听后说，他咋和狗一样呀！

是呀！他咋和狗一样，这世界上什么人都有，每天一不小心就会被别人释放的精神垃圾砸中，那怎么办？总不能和第二个人一样，你咬我一口，我咬你一口没完没了。这就是修养的分寸。

我们不要对号入座。有人说农村人如何，就恨不得群起攻之；有人说某某省咋地，就恨不得全体讨伐。这都没必要，说的人有他的孤陋和愚昧，听的人也不要风声鹤唳，四面楚歌。点代表不了面，千万别往自己身上套。哪里人都有特点，一方水土养一方人，谁都热爱自己的家乡，人性都一样。他打击一片，你也不能善恶包揽。我们维护的是正义，保护的是自己，不能兼善天下，尚要独善其身。说者也许无心，听者也不必有意。我们每个人的境况不同、遭遇不同、高度不同、视角不同。千万不要现身说法，你只是自己的楷模，不能成为别人的榜样。言语是要经过时间检验的，人品是要经过事物考验的。

什么是修养？当我们不再提修养二字，当心中的鲜花和绿草都一一盛开了，修养的春风就来了。同样如果我修养够了，也就不会在这喋喋不休了。因为修养只需像赫本那样做好自己就行了；因为修养，只属于你一个人的精神长相。

◎ 思享点

①在你心中，你周围谁的修养最值得你敬佩？你打算如何做到和他一样好？

②工作和生活中的冲突和矛盾无所不在，请回顾发生在你身上的一次冲突或矛盾，你是如何解决的？如果再次发生类似事件，你打算如何更有修养地解决？

领LINGDAOLI力

单元四
社会与组织认同

社会认同理论回答了"我是谁"的哲学反思……其不仅提高了自我的价值感，更为重要的是，人们以各种具体的社会身份进入社会生活，在承担这些身份责任和满足社会期待的同时，也建构了人们的生活意义。

——塔弗尔（Tajfel，英国社会心理学家）

编号：D14W1

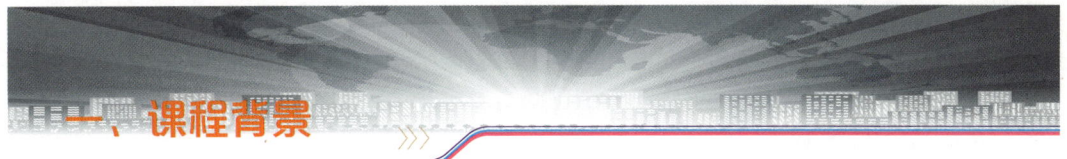

一、课程背景

当人们寻求积极的身份认同时，社会身份认同的心理过程就会带来一些特有的后果或效应，心理学上称之为"社会认同感"。我们渴望与周围的人保持某种一致的心理。在有些时候，我们往往没有是非判断的能力，我们必须依据他人的判断做出选择，即使他人做出了错误的决定，我们也依然跟随他人做出同样错误的决定。组织认同感是员工对其组织的认同程度，认同组织的人是被组织本身所吸引而聚集在组织周围，并不是以组织成员之间个人特性的相似、相互依赖或交换而形成的人际关系所吸引。它的产生与变化，受制于多方面内外因素的影响。组织管理中以双赢为出发点，力求实现组织与其成员关系的契合而形成的组织认同，有助于组织及其成员共同发展。作为一名即将步入社会的学生，认同并融入到组织中去，有利于提高面对工作和生活的积极性，所以，社会与组织认同是提升学生关键能力的重要内容。

二、学习目标

1. 了解社会认同与组织认同的内涵和本质。
2. 了解圈子的内涵与影响力，从圈子中获得正面价值。
3. 了解组织与个人的关系，找到两者的利益结合点。
4. 寻找到一个认同的组织并获得组织认同的工作机会，与组织中的工作团队相爱相惜。

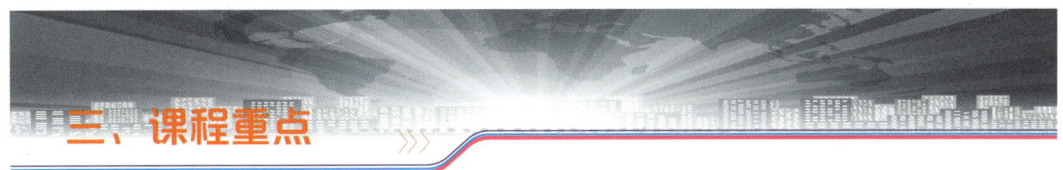

三、课程重点

1. 社会认同和组织认同的含义，以及不同时代的认同方式。
2. 圈子的定义，圈子的类型，圈子的影响力。
3. 从圈子中获得认同的知识和智慧。

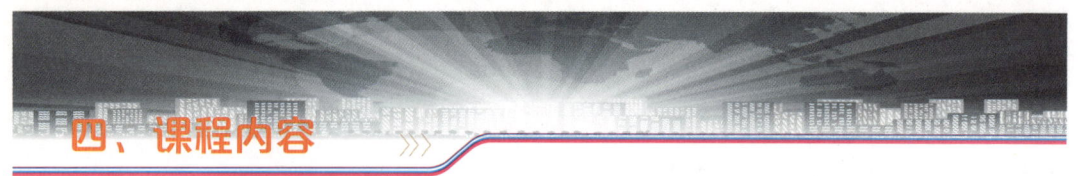

四、课程内容 >>>

（一）开放时代的组织认同与社会认同

1.什么是社会认同

社会认同指个体认识到他属于特定的社会群体，同时也认识到作为群体成员带给他的情感和价值意义。简单言之，即一个人将自己归入一个对象，并从中得到好处。认同的对象可以是组织、团队、制度，也可以是思想、空间甚至人物和事件。

2.什么是组织认同

组织认同指组织成员在行为与观念诸多方面与其所加入的组织具有一致性。在组织中既有理性的契约和责任感，也有非理性的归属和依赖感，对组织活动尽心尽力。

3.我们处于一个什么样的时代

狩猎社会——规模小、共同的、小而透明的社会环境。在狩猎社会，男人出去打猎，猎取的食物平均分配，大家都出力，那么，乐于分享便是得到当时社会认同的，如果一人独占是要被打击的。

农业社会——以家庭为单位。在农业社会，各家自种粮食，自给自足，社会流动性弱，各阶级阶层之间壁垒森严，社会关系以血缘和地缘关系为主，个人的发展受到极大限制。

工业社会——大规模的工业组织。以大机器的使用和无生命能源的消耗为核心的专业化社会大生产占据了社会经济的主导地位，社会流动性增强，业缘关系取代了血缘和地缘关系而成为人们社会关系的主要形式，个人发展的机会和自主程度增多。

后工业社会——大而开放的环境。个性化、多元化得到尊重和发展。

4. 认同的生成

（1）我们怎么看待这件事

怎么看待这件事儿？怎么分析背后的心理？都与我们所生活的社会环境息息相关。

（2）文化的建构：接纳与拒绝

儿童在饥饿驱使下学会了吃。但长辈们却教导他说"要像绅士般用餐"、"要文明用餐"。从中可以得出结论：行为与反应是持续的互动。

（二）组织中的圈子与社会认同

1. 什么是圈子

圈子是指具有相同爱好、兴趣或者为了某个特定目的而联系在一起的人群，圈子的本质就是物以类聚、人以群分。圈子即是组织，某种关系网络。即时、长久、暂且、妥协都是圈子的形态。

2. 圈子决定格局

圈子离不开分享，因为分享是原始的本能，得到别人认可是一种潜意识的本能。每

一个人的内心都希望得到别人的认可，而圈子的目的就是让你能够得到认可。

3. 圈子与圈子陷阱

我们生活在圈子之中，圈子可以给我们带来信任和亲情，但也可能给组织带来高昂的成本，降低组织效率，从而使组织陷入"圈子陷阱"。而建立在不同情境下的组织认同，可能是回避"圈子陷阱"的有效路径之一。

我们生活在圈子之中，同时也在不断地划圈子。中国人总是喜欢使用"我们"，而不是"我"，一个原因就是在不少人心中"我"和"我们"浑然一体，自我的边界也就是自己人的边界。

圈子逻辑不仅存在于政治和生活中，也存在于各类经济组织中。很多管理者善于运用圈子逻辑管理企业，形成独特的"中国式管理"。这种管理最大的特点是使员工感到他和管理层有关系，将亲密关系扩展到组织的各个层面，将组织成员变成圈子中人。一旦成为圈子中人，也就成为了"自己的人"，它意味着是可以信任的，是靠得住的。利用圈子逻辑管理企业，可以解决现代组织"冷冰冰"的状况，使组织充满人情味，给员工带来归属感，进而调动其积极性。相反，那些只注重由组织制度和规范所约定的等级关系的企业，往往会使员工陷入孤独与迷惘。

（三）"圈子"内的知识与智慧

1. 知识与智慧两者之间有什么联系和区别

相同点：都是从劳动实践中总结出来的。不同点：知识可以传递、学习、复制、模仿；智慧在本质上是需要我们创新的。

2. 组织与个人

组织是组织与成员共同生存、发展的平台，组织是组织成员制度共守、利益共享、风险共担的大家庭，组织也应该是所学校。管理之父德鲁克在《公司的概念》一书中谈到了组织的功用，他认为，组织在于使平凡的人做出不平凡的事业。

在一个竞争的市场中，所有人面临着共同的问题：组织如何找到并锻造自己的人才队伍，骨干如何找到能够施展人生抱负的组织。所以，组织和个人是相互依赖、相互合作的关系。

3. 组织认同包括什么

（1）价值认同

认同企业的核心价值理念以及经营宗旨，并在对客户、同事等的工作行为中，自觉地实践这些价值理念，同时把组织的价值理念融入个人的思想和血液里。从另一个角度来说，即使不在该组织里工作，自己本身也认同这样的价值观。

（2）文化接纳

能够主动积极地了解企业文化，接受企业文化的熏陶，并在工作所及的范围内传播、丰富和创造企业文化，把自己融入企业文化之中。

（3）组织承诺

对企业、对工作有较大的感情投入，培养与企业休戚与共的"企业主人翁"意识，处处维护企业的利益，不做任何损害企业利益的事情。

（4）团队融合

能够通过积极的沟通、支持性的态度及勤奋负责的工作风格，融入团队，赢得团队成员的信任，建立彼此配合的团队默契。

想要获得组织认同就需要爱上你的工作，当你和工作相爱相惜时，就可以收获满满的组织认同感。

五、测评与体验 >>>

项目1 小组讨论

圈子

讨论1：聊一聊你身边有趣的"圈子"现象。

讨论2：你认为什么是工作领域内的圈子？

讨论3：在你接触的几个"圈子"里，试分析其对圈子成员的效果是利大于弊还是弊大于利？

项目 2 互动游戏

情景模拟——丛林探险

有一天，在一个异常恐怖的森林里面，你和五种动物一起在这个森林里面冒险。它们分别是老虎、猴子、孔雀、狗、马。四周环境危险重重，这五种动物你不可能都将它们带到最后，你不得不一一地放弃。你会按着什么样的顺序放弃呢？

在这个故事里面：

  老虎代表_____

  猴子代表_____

  马代表_____

  狗代表_____

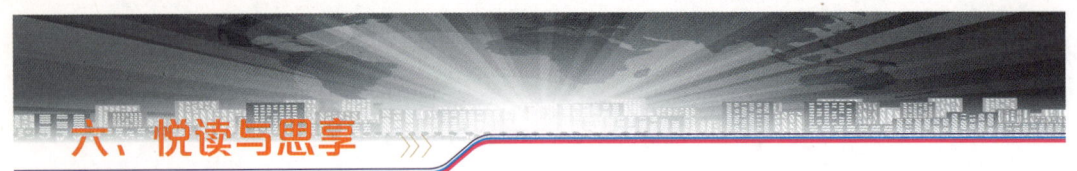

六、悦读与思享 >>>

（一）悦读

1.《认同：赢取支持的艺术》

◎ 图书编号：D4B01

◎ 出版时间：2015-04

◎ 著者：（美）约翰 P. 科特、（美）罗恩 A. 怀特海德著，苏军锋译

◎ 内容简介：

在本书中，你将学会如何把自己的主意、想法说出来并获得他人的认同，一方面"邀请反对者"抨击你的想法，另一方面你要为可能面临的抨击意见做好准备。通过这样的方式，你就会引起人们的关注，并有助于反对者意识到你的提议的价值，最终赢得他们全身心的支持。

◎ 推荐理由：

本书告诉你赢取认同的关键不在于回击反对者，而是保持尊重并坚持己见。读完本书，你能预判到可能的抨击意见，并能把它们转化成你的优势，这样你的好主意就会带来积极的变革。

2.《认同感：用故事包装事实的艺术》

◎ 图书编号：D4B02

◎ 出版时间：2016-02

◎ 著者：（美）吉姆西诺雷利

◎ 内容简介：

本书通过讲故事的形式塑造一种深层次的认同感，并将其适用于日常社交、职场管理、市场营销等活动中。本书还提供了一系列获取认同感的技术手段，包括收集故事背景、原型分析、完成故事摘要、激发灵感、寻找意义等。读完这本书，你会掌握更多的生活艺术，成为一个"有内容"的人。

◎ 推荐理由：

作者另辟蹊径，通过讲故事获得他人的认同，既吸引他人又增加自己的生活情趣，实为赢取认同感的奇特手段。本书从故事作为工具的应用性入手，揭示了故事背后心理学上的科学的力量，再进一步地阐述如何在品牌的创意层面，细致地分析故事的功能性作用，如果应对潜在需求来合理地定位自己故事的基调，怎样用故事跨越障碍，用故事表达自己的主张，用故事来包裹真相。最后，故事的结束，往往反而意味着新的开始。全书为了便于阅读和理解，应用了大量的案例来解读，看起来非常有趣味性，有的地方甚至手把手教你如何炮制一个表达自己想法的故事，非常有操作性，可以说写得非常有干货。

（二）思享

1. 不做"按钮员工"，升职更快

◎ 图书编号：D40391

◎ 来源：《爱上工作》，李尚隆，2010-05

◎ 内容

在职场上，经常有这样的员工：他们只做上司明确要求他们做的事，像电脑键盘一样去执行，看起来很勤奋，很辛苦，也很守纪律。但让管理者头痛的是，他们从不会把工作做得更深入，从不主动去考虑事情，也不会想到把工作做多一点或延伸一点。

他们就像机器人一样，按一下按钮才动一下，这就是所谓的"按钮型"员工。

"按扭员工"最大的特点就是缺乏主动性，只知道机械地完成任务，面对"领导没有布置"的未知环节，他们只会消极等待上司发出新的指示。对工作中的问题只会视而不见，要么停步不前，要么绕开问题做无用功。长此以往，工作无法开展下去，自己的职场生涯也将被无情葬送。

著名的迪斯尼公司曾经改编过一首传统的歌谣《高飞问丽莎》，里面讲述了一个这样的故事：

高飞问丽莎，怎么处理一个漏水的桶。丽莎答道：那就补起来吧！亲爱的高飞。高飞听了，立即又问：我用什么来补呢？亲爱的丽莎。我用什么来补呢？

丽莎对高飞不动脑子地提问，感觉有点不快，但还是耐心地说：用稻草吧！亲爱的高飞，用稻草吧！

可是，高飞仍然说，稻草太长。丽莎只好不断地给予高飞指示，而高飞却依然不断地提出各种问题。直到最后，丽莎告诉高飞，去提一点水来，弄湿一块石头，磨快一把刀，去割断那些太长的稻草。

可高飞还在问：我用什么来提水呢？亲爱的丽莎。

丽莎建议高飞用水桶提水，可高飞却说：可我的水桶破了一个洞，亲爱的丽莎，亲爱的丽莎，我的水桶破了一个洞，一个洞。

高飞的问题又回到了原先的起点。

……

丽莎正是现实社会的老板，而歌谣中的高飞，正如同那些"按钮员工"们一样，他们害怕承担责任，对自己要做的各种工作都不会去认真思考，更不会做出任何决定。他

们实行"逢事必问",事无大小,都要向上司请示该如何做。因为他们不敢做,只会去逃避问题,实际上是把问题推给了上司。而作为一名公司的员工,我们所需要的不是逃避问题、把问题推给上级,这样并不能解决问题,我们的职责是把遇到的问题想办法解决掉。

在今天这个竞争激烈、变幻莫测的市场环境中,如果公司的员工像个没有生命的按钮一样,只做老板吩咐的事,只完成上司交代好的工作,这样的公司是无法生存下去的。明智的老板从来不会雇用"按钮员工",他们所需要的,是能够真正地进入工作状态、独立自主地把事情做好的员工。这样的员工,无论他们的背景、训练或技能如何,他们都能受到公司器重,获得更多的发展机会。每个公司的管理者都希望自己的员工能主动去考虑问题,主动工作,带着思考工作。而对于发个指令,揿动按钮,才会动一动的"按钮型"员工,没有人会欣赏,也没有哪一位管理者愿意接受。

职场中,"按钮型"员工是机械工作的"应声虫",升职的机会不会主动降临到他(她)的头上,机会只会留给那些能从被动工作到主动工作,从机械式工作到创造性工作,从痛苦工作到快乐工作,能够真正地进入工作状态、独立自主地把事情做好的员工。

要想成为一名优秀的员工,那就要能时刻把握住机会,来展现超乎他人要求的工作表现。他们知道自己工作的意义和责任,并永远保持一种自动、自发的工作态度,为自己的行为负责。在各种各样的工作中,他们能主动发现那些需要做的事情,哪怕并不是分内的事,给自己创造超越他人的机会,这正是他们与"按钮型"员工最根本的区别。

　　做一名主动工作的员工，主动把安排的工作按时保质完成，同时把管理者未想到的地方做到位，在工作事项前后做好衔接和铺垫，并且总能超出管理者的期望，虽然这需要付出更多的精力和时间。但对于这些工作主动性强的员工，管理者会把更多的工作给他，也会把更重要的工作给他，因为他的工作会让管理者更放心、更省心。而对于员工来讲，他（她）得到了更多的锻炼，并能获得更宝贵的工作经验和职业积累，职业发展前景自然看好。

　　所有的知识都是相通的，所有的事都在提升员工的能力。不做"按钮"式员工，不只做上司告诉你做的事，主动去发现和挖掘工作，你的发展会比你想象的快。

◎ 思享点

①判断当前自己的心态，与例子中的高飞有无相似之处。

②参照自己未来职业领域，考虑如何不让自己做一名"按钮员工"？

2. 寻求舒适的认同

◎ **案例编号：** D40391

◎ **来源：** 世界经理人网，Gordon John Stevenson，李秉勤译，1996-12-01

◎ **内容**

在许多管理领域，"认同"（conformance）通常被看作是一个应当避讳的话题。人们一般认为，"认同"就意味着单调的重复、令人生厌的雷同以及使人窒息的一致性。在字典中，这个词很恰当地被定义为"遵守已经得到认可的标准或者按照某种特定标准行事"。

这里所要阐述的认同原则并不强调顺从。相反，它要告诉人们在控制和授权之间取得一定平衡的致胜之道。

认同循环

在一个半导体工厂时，我亲眼目睹了由于缺乏认同致使公司损失了上百万的资财。我感到有必要创造一种有组织的框架，大大降低缺乏认同的程度，把有效经营的障碍因素限制在最低均衡点，所谓"认同循环"包括六个步骤，公司应当反复实施这些步骤才能取得持续不断的改善。

①就产品规格要求达成共识。单靠开发新产品和服务并不能保证生意上成功，如果你不能按要求制造、使用或交货，就会失败。过去的经验一再表明，迟早会有人采用你的方法，有效地展示他利用这些想法如何取得收益。要使产品取得成功，你需要学会如何把设计、开发技术与生产经营技术相结合。

过去，这几种职能通常都是彼此孤立的，在新产品的推出和投产过程中处于被动地位。以后，如果听到生产经理抱怨他的生产流程不理想时，你就要设法找出为什么他以前接受了这种流程。你通常会发现，他太忙了，没有时间参加产品发布会或没有足够的时间来研究产品规格要求。

在新产品标准推出初期，有必要让生产提前进入状态。各方均应达成一致，明了如何根据产品规格要求进行运用。最成功的产品推介是营销、研发、质量控制和生产共同作用的结果。对产品规格达成一致后，你就为打下坚实的基础跨出了第一步，使生产适用于新系统和服务的推出，可惜的是问题并没有就此了结。

②根据规格要求进行培训。一流公司非常着重培训的作用，把它当作一种投资。日产英国公司（Nissan U. K）就是例子。该公司把工资的14%以上用于培训，投在新员工身上的培训资金更是引人注目，每位新员工第一年要花60天的时间脱产培训。

各方对标准规格达成一致后，每位相关人员都应得到适当培训。要确保员工有能力完全达到规格要求，这是唯一途径。

如果你能找到合适的培训环境，效果可以得到加强。可以是生产现场，也可以是会议室，只要是最适合的地点就行。选定合适的人数，有效地进行培训，并应制定一套你看来能很好地反映培训成功与否的客观考核指标。一项基本的内容就是要检查并询问是否人人接受了培训内容。确保执行培训的人员符合条件并已接受过培训。

③根据规格要求进行认证。培训结束后，要看看你的投资是否见效，是否值得。仅仅由受训人说明自己已经理解，不足以下结论。你要进行实地检测，只有受训人的能力得到全面展示时，才能断定他们是否已经合格。

如果最终能得到培训部门和质量部门的协同认可，你的培训就得到了最大、最长期的收益。这两个部门只有对规定任务的执行情况很满意时，才会认定受训者具有相关能力。

④审计和认同。完整的系统和整个企业组织中取得良好实施的程序是企业运用成功的支柱。你有必要对认同进行衡量。有了这种衡量，你就可以全面评估缺乏认同的成本。这种成本对公司的质量成本会有很大的影响。

为数不多的公司在有效实施认同循环中的审计时，一开始就遇到些困难。最重要的障碍是员工把审计师看成便衣警察。造成这种现象的原因，是管理层太急于实施这一系统，没有足够的时间和充分的考虑来营造一种氛围，使人们感到不会受到处罚。一个真正以质量为导向的公司，只有在审计人员意识到自己不应只管找出人们的失误并记录下来，而是要发现并去除造成失误的原因，才算是成熟了。

⑤改正并修订规格要求。商界的生存艺术在于能够适应变化并不断改进。要实施变革，系统和程序必须得到定期的维护和更新。许多企业组织正是在这一点上栽了大跟头。

即使那些采用了信用循环概念的企业，也经常认识不到不断随时更新文件能带来的所有好处。这通常是由于能力不足或无法快速做出反应。通常，这是因为支持文件管理的必要基础设施在一开始就没有到位。其实，在任何时候也不能低估这一领域所需要的各种支持。

如果变更文件，应当有效地传达给所有有关人员。然而，这一点在系统的适当执行中却一再成为绊脚石。规格要求的变更经常没有得到传达，或者是旧文件没被换下来。例如，一家公司修改并更新了 100 多份文件。然而，这并不影响它的资格，并依然能够按照国际标准运作。更重要的是，它如此频繁地向外界传递这一信息，以至连自己也确确实实地接受了这些变更。

⑥根据规格要求进行再认证。当开发或推出更有竞争性的新产品或运作方式时，不要忘记对相应的文件系统和程序也要做出修正。尽管这听起来简单明了，许多新的创意正是因为实施效率的低下遭搁浅。有时，这一失误成本相当高，使原计划的改变所能带来的好处最终都被抵消掉了。

就像其他领域一样，应当确保所有变更的信息都得到适当传达。有时，光传达还不够。变更的重要性，有可能还需要考虑再培训和重新对员工进行认证。注意不要把这一决策完全交给经理人员和工程师。决定是否有必要进行培训的最佳人选一般是那些实施培训的人和那些需要根据修改过的规格要求进行操作的人。

向那些履行新要求的人请教意见，是保证新标准能够得到实施的最佳方法。另外，可能还有一个陷阱，就是仅仅为了变化而变化。不要在没有确定应当做哪些改进并对预计的结果量化之前，就匆忙行事。应当把这种量化结果与所做变更的成本进行比较。

回到基点

在奋勇争先的竞赛中，我们通常忽略了基本原则。要想取得成功，首要条件就是要建立一个稳固的基础来支持和推介新的思想。这就需要诚心、动力和对细节一丝不苟的关注。它不一定要求有外部资源的协助。许多解决方案都在你和员工的手中。

但是，首先你必须着眼于确立合适系统、程序和原则。有了这样一个基础，你就具备了进入认同循环的条件。但只不过是个循环而已。

要想走上持续改进这条永无止境的路，你必须周而复始，不懈努力。这是一条艰难而且不容懈怠的路，充满着各种挑战。当然，有挑战就有风险，但有风险就一定有令你振奋的东西。

◎ 思享点

①结合自己的经历，谈谈如何在组织中获得他人的认同？

②如果你负责一项产品改进，想一想你的改进方案如何获得他人的认同？

职业院校学生"关键能力"培养课程系列

领GUAOLI力

单元五
健康与情绪管理

能控制好自己情绪的人，比能拿下一
座城池的将军更伟大。

——拿破仑·波拿巴
（1769—1821，法兰西第一帝国的缔造者）

编号：D15W1

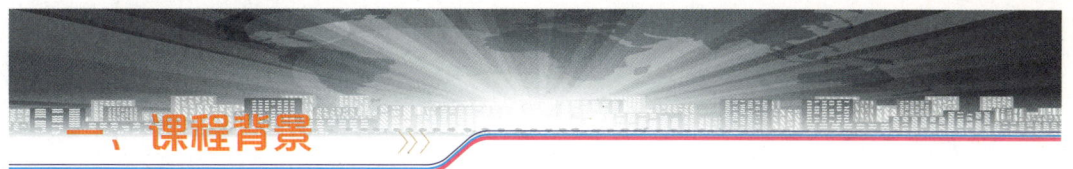

一、课程背景 >>>

　　健康生活是现在许多人的梦想，特别是随着生活水平的提高，人们对于健康的关注程度也在不断增加。如果没有健康的身体，智慧不能表现出来，财富变成废物，知识也无法利用。身体是生命的载体，拥有健康，我们才能演奏出更精彩的生命乐章。珍惜生命，关爱健康，永远把健康放在第一位，金钱或许买不来健康，但是健康的确在自己的手心里握着。所以，保持健康的细节还需从我们自身做起。天地有大美，于简单处得；人生有大疲惫，在复杂处深藏。人，一简单就快乐，但快乐的人寥寥无几；人，一复杂就痛苦，可痛苦的人却熙熙攘攘。这就充分反映出现实的问题：更多的人，要活出简单来不容易，要活出复杂来却简单。情绪的多变与性格认知、环境都有关，而心情的好坏又直接影响到做事、胃口、心态以及血压、肝、肾、脾、胃等身体器官的健康与否。这又会影响心理的变化以及性情、兴趣、爱好的变化。身体是革命的本钱，不论是学生还是职场人士，都应该树立健康意识，在日常生活和工作中爱护、保养自己的身体，用健康的体魄去迎接未来更大的挑战。所以，健康及情绪管理是提升关键能力的重要保障。

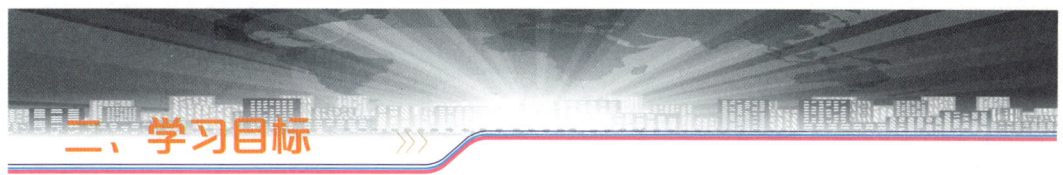

二、学习目标 >>>

　　1. 了解健康的概念及亚健康的危害，分析自我的健康状况。

　　2. 树立养生保健意识，学会日常保健方法，并运用到生活中，以提升自身健康指数。

　　3. 了解情绪产生的原因及诸多不良影响，有效管理情绪，促进身心健康与建立良好人际关系。

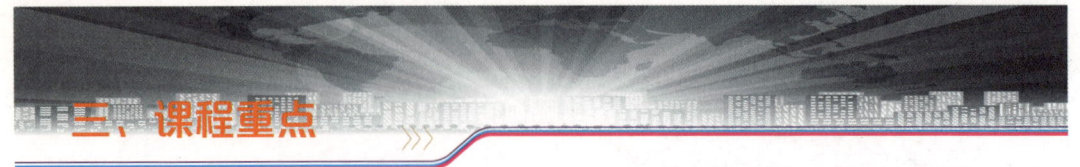

三、课程重点

1. 现代人不良的生活方式对健康的极大危害。

2. 亚健康的定义及表现形式。

3. 现代人常见疾病及预防方法。

4. 日常养生的方法。

5. 情绪对人产生的积极影响，保持好情绪的方法。

四、课程内容

本课程从现代人的健康状况出发，讲述健康初体验、健康知多少、健康养生法、情绪管理四块内容。在健康初体验部分，主要分析对比了现代人的生活和古代人的生活，显示出现代人健康状态欠佳；在健康知多少部分，主要分析了什么是健康、亚健康，以及现代人的几种常见疾病与康复建议；在健康养生法部分，主要分析了饮食养生和运动养生法；在情绪管理部分，主要分析了情绪的内涵、类型和影响，不良情绪的来源及科学的情绪管理方法。

（一）健康初体验

1. 现代人的生活：缺营养

食品安全隐患令人堪忧，农药菜、注水猪肉、地沟油就在你我身边，人本身需要的正常营养变成各种生化药物、垃圾食品和营养不均衡的食物，使身体需要的营养没有得到充分均衡的补充，还遭受到不良食品的侵害，使得身体逐渐偏离健康。

2. 现代人的生活：易得病

许多大人让孩子吃太多高脂肪、高蛋白食物，吃下许多含人工荷尔蒙饲养的鸡和蛋类，以及其他肉类，导致孩童不正常发育或发育显著提早。

由于饮食结构不合理，营养不良导致慢性疾病发生的年龄层次逐步降低，40 岁以下的年轻人患脂肪肝、肥胖、内分泌失调、痛经与绝经、不孕不育、高血压、痛风、糖尿病、癌症等疾病越来越多。

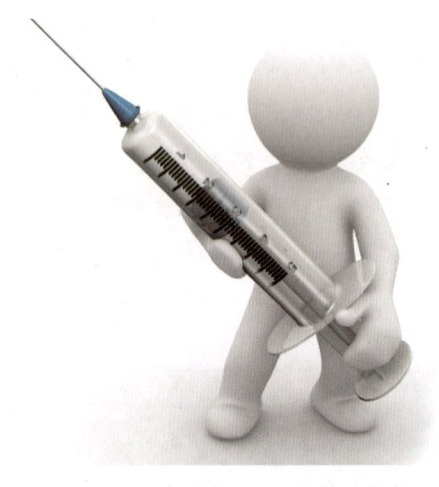

3. 现代人的生活：不懂"健康"

我国九成居民不懂"健康"，2013 年中国居民健康素养水平为 9.48%，和 2008 年相比提高 3 个百分点，其中城市居民健康素养水平为 13.8%，农村居民为 6.92%，女性健康素养水平略高于男性，25 岁至 35 岁人群健康素养水平最高。

2006 年，社科院中国人才蓝皮书《中国人才发展报告》显示，有七成人处于过劳死的边缘状态，而进入 2010 年之后，这一数字已经上升到 89% 左右。"过劳死"是因为工作时间过长，劳动强度过重，心理压力太大而出现精疲力竭的亚健康状态，由于积重难返，突然引发身体潜在的疾病急性恶化，救治不及时而危及生命。

（二）健康知多少

1. 什么是健康

世界卫生组织指出，健康不仅仅是无疾病或不虚弱，它是指一个人在生理、心理和社会三方面都处于一种完全安宁的状态。

2. 什么是亚健康

亚健康：即指非病非健康状态，这是一类次等健康状态，是界于健康与疾病之间的状态，故又有"次健康"、"第三状态"、"中间状态"、"游离（移）状态"、"灰色状态"等的称谓。

亚健康的状态症状是：突发性精力不足，疲劳困乏，精神不振，注意力难以集中，心神恍惚，胸闷、心悸、失眠、疼痛、月经不调、性机能减退、职业倦怠。

3. 现代人的几种常见病及建议

（1）脂肪肝

◇　主要原因：喝酒多，运动少

◇　高发年龄：35 ～ 60 岁

◇　建议

饮食"4+1"方案：每天摄取 400 克米饭等主食、300 克水果和蔬菜、200 克奶制品、100 克禽肉蛋类、少量油盐酱醋等调味料。

"3、5、7 运动法"：每天应进行 30 分钟走 3000 米的中等运动量的运动，一周进行 5 次锻炼，运动后心率不超过"170 － 年龄"。

（2）血脂高

◇　主要原因：饮食不节制，吃的太油腻。

◇　高发年龄：男 45 岁以上，女 55 岁以上。

◇　睑黄瘤是危险信号。

◇　建议：改变饮食习惯。

（3）血糖高

◇　主要原因：热量超标，运动不达标。

◇　高发年龄：40 岁以上。

◇　建议：控制体重，合理膳食，充足的睡眠时间。

（4）冠心病

◇　主要原因：爱着急，不爱抬脚。

◇　高发年龄：40 岁以后。

◇　建议：腿麻、抽筋要警惕，慢跑、散步、打太极拳等。

（5）颈椎不适

◇　主要原因：电脑前久坐。

◇　高发年龄：年轻患者越来越多。

◇　建议：每隔一小时转转头，耸耸肩，用手揉揉脖子，只需要半分钟就好；多吃主食，可用黄芪、党参炖鸡汤或蹄筋汤补气。

（6）失眠

◇　主要原因：工作压力大。

◇　高发年龄：任何年龄段的脑力劳动者，不分性别。

◇　建议：准时睡眠，子午觉最重要；晚餐勿吃太饱，避免吃在消化过程中会产生较多的气体的食物。

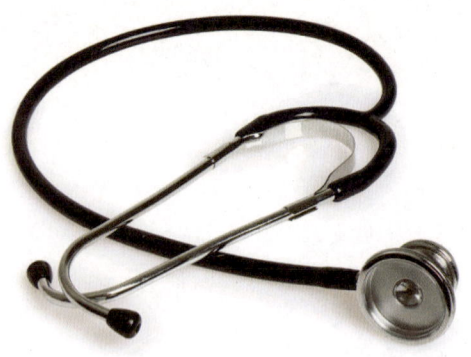

（三）健康养生法

健康新理念：合理营养，平衡饮食，有氧运动。良好的心理状态是保持家庭和睦、工作快乐、学习愉快。

1. 合理营养，平衡饮食

◇ 主食多样，谷类为主，粗细搭配

每种食物含不同的营养成分，任何天然食物都不能提供完善的营养，多种食物搭配，才能满足人体各种营养需求。谷类食物是能量的主要来源，应保持中国传统饮食习惯，避免高能量、高脂肪。常吃粗杂粮和全谷类，最好 50 ～ 100g/ 天，米面类不宜加工过细，避免维生素 B、矿物质等营养素和膳食纤维的丢失。

◇ 多吃蔬菜、水果

蔬菜、水果是维生素、矿物质、膳食纤维和植物化学物质的重要来源，建议每天吃 5 到 10 种水果和蔬菜，300 ～ 500g，最好深色蔬菜约占一半，水果 200 ～ 400g。

餐桌上经常看见的健康食材如下。

● 番茄：含有番茄碱，对多种细菌和真菌有抑制作用；有番茄红素，对前列腺癌、子宫癌、肺癌细胞有抑制作用；有芦丁，对保护血管、防治高血压有良好作用；有机酸具有分解脂肪作用等。

● 菜花、西兰花、生菜、甘蓝、白菜：含有吲哚类衍生物、微量元素钼、干扰抗生素等，具有抗癌作用。

● 芹菜、茼蒿：含有芹菜素、胆碱，具有降压作用。

● 洋葱、茄子：含有硫氨基酸、黄铜类化合物，增强血管弹性，改善动脉硬化。

● 新鲜大蒜：蒜素含量达 4g/kg。具有抗氧化、防癌作用，增强免疫系统功能，预防疾病，降低血脂，预防动脉粥样硬化，治疗菌痢和肠炎。

● 香菇：含有香菇多糖，有抗癌作用。

● 胡萝卜、萝卜：含有胡萝卜素、芥子油和木质素，对恶性肿瘤有预防、治疗作用。

● 黑木耳：具有益气强身、滋肾养胃、活血等功能，它能抗血凝、抗血栓、降血脂。

● 海带：海带中的碘可促进血液中三酸甘油脂（中性脂肪）的代谢，膳食纤维也以水溶性纤维为主，有助于血胆固醇的降低。

◇　每天吃奶类、大豆或其制品

奶类、豆类含钙量较高，且利用率也很高，还含丰富的优质蛋白和维生素，中老年人饮奶可减少骨质丢失。我国平均钙摄入量仅为 389mg，不到中国营养学会推荐的 RDA（膳食营养素参考摄入量）一半，建议每人每天饮奶 300g 或相当量的奶制品。应适当多吃大豆及其制品，建议每人每天摄入 30～50g 大豆或相当量的豆制品。

◇　常吃适量的鱼、禽、蛋和瘦肉

动物性食物蛋白质含量高，是优质蛋白的良好来源，其氨基酸组成更适合人体需要，含较多脂溶性维生素和矿物质；但大多肉类含有一定量的饱和脂肪和胆固醇，摄入过多增加患心血管病的危险性。建议成人每日摄入量：鱼虾类 50～100g，禽畜肉类50～75g，蛋类 25～50g。

◇　减少烹调油，吃清淡少盐膳食

我国城乡居民平均每天摄入烹调油 42g，健康推荐量为 25～30g；我国居民每天食盐平均摄入量为 12g，是 WHO（世界卫生组织）建议的 2.4 倍；盐的摄入量过高与高血压的患病率密切相关。食盐摄入量每人每天不超过 6g。脂肪、食盐摄入过多是引起肥胖、高血脂、动脉粥样硬化、高血压等多种慢性疾病的危险因素之一。

◇　科学饮水

水是膳食的重要组成部分，是一切生命必需的物质，在生命活动中发挥着重要功能。饮水不足或过多都会给人体健康带来危害，建议每人每天饮水量 1200mL。

喝水日程表：

● 起床后先喝 250mL 的水，可帮助肾脏及肝脏解毒。

- 到了办公室后，喝一杯至少 250mL 的水。
- 午餐半小时后，喝一杯水，可以加强身体的消化功能。
- 下班离开办公室前，再喝一杯水，增加饱足感，可以避免晚餐暴饮暴食。
- 睡前一至半小时再喝上一杯水。

2. 科学运动

有氧运动衡量的标准是心率。心率保持在"170－年龄"次/分钟的运动量为有氧运动。此时血液可以供给心肌足够的氧气，它的特点是强度低、有节奏、持续时间较长。要求每次锻炼的时间不少于 30 分钟，每周坚持 3 到 5 次。有氧运动可提高机体的摄氧量，增进心肺功能，是达到健康效应的最佳方式。

- 适度锻炼：大运动量的健身运动有可能会慢慢损伤你的身体。建议每周适度锻炼 4～5 次，每次 30 分钟。
- 慢跑：速度不宜太快，要保持均匀速度，主观上不感觉难受，客观上以每分钟心率控制在"170－年龄"为宜。
- 疾走：是一种最简单而有效的有氧健身运动。它的效果不比慢跑差，而且还免除了跑步对膝关节的损伤。要根据自己的健康情况、体力、年龄和习惯，自行掌握强度。速度一般应控制在每分钟 100～130 米。每天最好选择在晚饭前或进餐半小时以后，在空气清新、环境幽雅的场所步行。

3. 良好的心理状态

养生第一要务应该是养心，心态好的人情绪稳定，遇事积极乐观，认为没有过不去的坎儿，长时间的情绪郁闷会引起身体疾病，心情舒畅则气血通畅，身体健康。

（四）情绪管理

1. 情绪及其影响

情绪是什么？情绪，是人各种的感觉、思想和行为的一种综合的心理和生理状态，是对外界刺激所产生的心理反应，以及附带的生理反应，如喜、怒、哀、乐等。情绪是个人的主观体验和感受，常跟心情、气质、性格和性情有关。

什么是情绪管理？即是以最恰当的方式来表达情绪，情绪管理指的是要适时适所，对适当对象恰如其分表达情绪。

那么，不良情绪有什么影响呢？影响生理健康，喜伤心，怒伤肝，忧伤肺，思伤脾，恐伤肾；影响工作表现，情绪不好时不想工作，没法投入工作，工作效率低；影响人际关系，谁都愿意和快乐的人在一起，谁都不喜欢一脸苦瓜相的人，只要脸上常带笑容，朋友自然会多。

2. 科学的管理情绪

（1）改变三种心态

◇ 应该如此——事情本该如我所愿的发生。

改变：我们无法知道世界上所有的事，发生了的都是有理由发生的，停止抱怨，接受已发生的并凭借自身的情况做最好的配合。

◇ 托付心态——将自己成功快乐的控制权交给别人。

改变：自己照顾自己的人生，满足自己的需要，不推卸给别人。

◇ 没有办法——执着于问题，忘记解决。

改变：相信凡事至少有三种解决方法，我总会有选择。

（2）科学管理方式

◇ 自我激励（正面词语）。给予自己积极的心理暗示，如果当时自己正郁闷，告诉自己"我是一个快乐的人"，或者说"我快乐、我健康、我幸福"，不要想着我很倒霉，我很多缺点，负面的暗示会让情绪恶性循环。

◇ 转移法（回忆快乐、看励志、笑话等）。不要让自己一直陷入情绪的泥藻，可以想一些开心的事情，看看励志书籍或语录，慢慢地会被这些励志名言激励，从而转移注意力，情绪便会好起来。

◇ 宣泄法（大哭、倾诉、大吼等）。受到委屈可以向值得信任的人倾诉、哭诉。压抑只会让情绪越来越糟，发泄等于排除精神垃圾，垃圾处理掉后人自然清爽许多。

◇ 音乐调节法（轻音乐等）。听一些轻音乐或者催眠音乐，跟着音乐缓缓放松，进入音乐的境界，不断重复或者寻找新的音乐内容，把自己带入另一个精神世界，心情自然远离烦闷。

　　◇　运动锻炼（平静、舒缓）。散步是非常简单且非常利于健康的运动，每天散步 1 小时，让身体轻轻地动起来，身体轻松，心情自然跟着轻松自在。

　　◇　环境改变法（旅行等）。换一个环境换一份心情，好景点风景怡人、鸟语花香、小桥流水，带给人的是另一番风味，眼睛里看到美的景色，心里想的便会慢慢转移到眼前，阴霾将渐渐远去。

五、测评与体验 >>>

项目1 测评测试

亚健康测试

1.你是否早上不想起床，即使起床，也觉得浑身疲倦，整天打哈欠？早上起床时，有持续的头发丝掉落？

2.你是否经常不吃早餐或者早餐吃得很匆忙？午饭通常吃得很简单或者吃饭时间不固定？每天是否吃绿叶蔬菜、水果？

3.你是否喜欢喝饮料尤其是碳酸饮料？喜欢吃油炸食品（薯条、鸡翅）并且很挑食？

4.你是否在办公室坐一天也不活动并且空调开一天，经常感到肩颈酸困、眼睛酸涩发胀？

5.你是否经常感到疲倦，无明显原因感到精力不足、体力不支，回到家总喜欢躺在沙发上，并把腿抬高才能感到舒服些？

6.你是否经常腹胀、便秘或者腹泻？

7.有没有觉得什么都不尽如人意，脾气变得很坏，容易烦躁不安？

8.是否经常情绪上感到有些抑郁，喜欢发呆，不喜欢融入群体？

9.你是否发觉自己容易健忘？经常听不清身边人讲话或注意力无法集中？

10.你是否容易失眠或者不易入睡，一有动静就被惊醒，或者总是处于梦中，睡眠质量很差？

如果你的回答多为"是"那么你要为你的健康敲响警钟！

项目2 互动游戏

情感病毒

简介

情感病毒游戏主要通过每个人的表情来影响其他人的情绪，培养大家面带微笑工作的意识，一个笑脸不仅可以增进同事感情，也能提高自身的形象，很适合作为企业晨会游戏。

游戏规则

游戏分为两个部分：不安情绪和快乐情绪。

不安情绪：首先让所有人面向内围成一圈，然后闭上眼睛。主持人绕大家走一圈，并随即在一人背后用手指戳一下他，这个人则为"传染源"，然后大家睁开眼睛并分散站立，"传染源"需要通过表情来表示自己不安的情绪给三个人，这三个人在通过同样的方式将不安传递给另外三人。5分钟后，所有人集合，首先我们让"传染源"站起来，然后让被他传染的三人站立来，最后再让被这三人传染的人站起来。

快乐情绪：在上一个游戏中，我们传递的是不安的情绪，但我们游戏的目的不是让大家传递不安，而是传递快乐。第二次大家闭目站成一圈时，主持人在所有人后面走一圈，故意停几次……然后大家睁开眼睛并分散站立，让"传染源"传递快乐。这时大家相互寻找传染源，彼此对看，最后我们会发现大家指的传染源都不一样。

这个游戏告诉我们，不安和快乐等情绪是会传染的，所以当遇到别人给你一个不安的情绪的时候，我们能否将自己的快乐传递给对方呢？

项目 3　课堂演讲

改变信念

改变一：付出是我职责所在或真心付出，无所谓回报。

改变二：付出的过程中我已有所收获。

改变三：为什么他没有领会我的付出，怎么能让他有所领会？

改变四：他不能尊重别人的付出可能他不够自信，那是他的问题，我没必要因此生气。

改变五：我为什么一定要别人接受重视？是不是我太需要别人的肯定？我自己能不能给自己肯定？

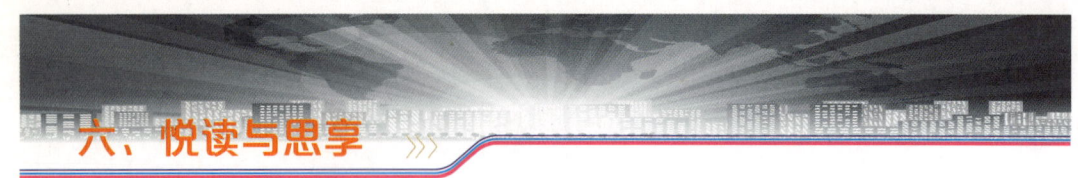

六、悦读与思享 》》》

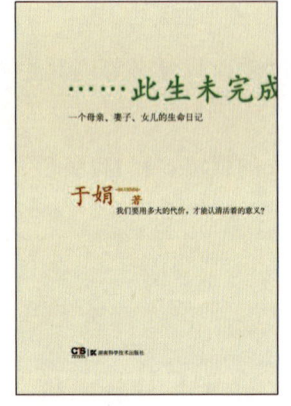

（一）悦读

1.《此生未完成——一个母亲、妻子、女儿的生命日记》

◎ 图书编号：D5B01

◎ 出版时间：2011-06-01

◎ 著者：于娟

◎ 内容简介：

健康，在人们不健康的时候才显得很重要。不生病的时候我们努力工作，买车买房都是热门话题，但于娟被确诊患乳腺癌后，写下一年多的病中日记，在日记中反思生活细节，并发出"买车买房买不来健康"的感叹，我们不应该在死亡来临的时候才反思、反省自己不重视健康，而是每天都要为健康做一点点努力。

◎ 推荐理由：

本书以真实事件及作者切身感悟与你对话，告诉你与命运抗争是积极乐观的人生态度，保持健康更是正确的人生选择。

2.《工作其实很简单——最轻松有趣的职场 EQ 提升宝典》

◎ **图书编号：** D5B02

◎ **出版时间：** 2013-03-01

◎ **著者：** 张怡筠

◎ **内容简介：**

每一个人都要走上工作岗位，要在工作中脱颖而出，除了拥有足够的专业知识和技能，更需要培养出优秀的工作情商。本书就是一堂轻松实用的工作 EQ 培训课，运用一套完整而实用的工作情商养成守则，帮助大家真正乐于工作，成就自己，成为职场最耀眼的明星，引爆亮丽的工作绩效。

◎ **推荐理由：**

本书内容实用，语言简练易懂，从就业准备、提升工作价值、情绪管理、人际沟通等方面进行详细解说。通读本书，可以引导自己检讨不足和缺陷，并可按照书中的方法提升自己的 EQ。

（二）思享

1. 22年前她曾患癌症，如今110岁依然长寿又快活地生活

◎ 图书编号：D50641

◎ 来源：搜狐网，妈妈派，2016-03-04

◎ 内容

你听说过患过癌症的人能活过一百岁吗？你见过中国相貌最年轻、寿命最长的老人吗？这位老人就是张明珠，出生于1905年。2011年，她参加北京电视台生活频道的一档节目，震惊观众。因为，106岁的她，不仅是自己走上台的，而且皮肤细腻、神采奕奕。

那么，这位被誉为"中国最美老寿星"的老人，到底有什么样的长寿养颜秘诀呢？

（1）爱晒太阳爱走路

张明珠老人有两大习惯。一是坚持走路，各大公园都是老人经常去的地方，那里的常客大多认识她，她也乐意与大家聊天。二是晒太阳，饭后或是散步时都要在外面晒一会儿太阳。

（2）癌症就是"不死之症"，不必在乎

对于长寿老人，我们听到最多的是他们大多一生健康，很少得病。但张明珠老人不是这样的。她88岁的时候患肠癌，一共做过3次大手术，切除了全部结肠，大肠也被切掉了1米。第3次做手术时，她才知道自己得的是癌症。

但她满不在乎地说："癌症，癌症，就是不死之症，我要跟癌症做斗争。"

（3）睡到自然醒

"饮食有度，睡眠要足；多晒太阳，多做运动。"每天早上睡到自然醒，起床活动和看一会儿电视后，再睡一个多小时，午饭后还要睡大约 3 个小时。充足的睡眠，保证了足够的精力，也使得皮肤光滑润泽，富有弹性。

（4）爱美喜打扮，颜色鲜艳心情好

中老年人也要爱打扮、爱漂亮，打扮好看了心情自然会好，心情好了身体也就好了。

张明珠老人平时就爱涂脂抹粉，衣服上还要洒点香水，喜欢穿颜色鲜亮、款式新颖的服装，孙子辈们也总会给她送些纱巾之类的小礼品，她总是十分开心。

（5）有肉吃肉，有菜吃菜，尤爱红烧肉

饮食是决定一个人身体健康的重要因素之一，其实，吃东西也要吃得杂。比如玉米、白薯、南瓜、米饭、馒头、红烧肉等。

因此，我们吃饭应该荤素搭配、合理饮食。张明珠老人最爱吃红烧肉，她的好皮肤也源于此。

（6）"马马虎虎"才长寿

要想健康长寿，就一定要心态平和、不生气。用张明珠老人的话来说，就是"马马虎虎"。忘记自己的年龄，也是长寿的秘诀之一。

◎ 思享点

①对比自己的心态，患癌症却如此长寿的老人给你什么启示？

②生病常常使人心生悲恼，请结合经历或查阅资料，想一想如何做到身有病心没病？

2. 生气的八大危害

◎ **案例编号：** D50531

◎ **来源：** 新华日报，张华念，2006-03-24

◎ **内容**

随着现代生活节奏的加快，不少人因为压力过大而常生气。但是请你千万别这样，因为生气具有八大危害，这是美国《洛杉矶时报》新近的一篇报道。

（1）令皮肤长出色斑

美国医学人员对 5000 名脸上长色斑的女性研究显示，当她们处在情绪低谷时，任何药物对色斑的治疗都显得不尽如人意，而当其中一些女性的人际关系得到改善时，她们的色斑可以不治自愈。

（2）引起胃溃疡

生气时脑细胞会工作紊乱，引起交感神经兴奋，并直接作用于心脏和血管上，使胃肠中的血流量减少，蠕动减慢，食欲变差，严重时会引起胃溃疡，同时还会导致人吃不下饭。

（3）加快脑细胞衰老

生气会加快脑细胞衰老，减弱大脑功能，而且大量血液涌向大脑，会使脑血管的压力增加。这时血液中含有的毒素最多，氧气最少，对脑细胞不亚于毒药，愤怒时的思维混乱就是大脑缺氧的明证。

（4）令心肌缺氧

每一次的生气都会引发心跳加快，心脏收缩力增强，血压升高，血液变黏稠。大量的血液冲向大脑和面部，会使供应心脏本身的血液减少而造成心肌缺氧。心脏为了足够的氧供应只好加倍工作，一通乱蹦，于是心跳更加不规律，也就更致命。

（5）伤肝

生气时机体会分泌一种叫“儿茶酚胺”的物质，从而作用于中枢神经系统，使血糖升高，脂肪分解加强，血液和肝细胞内的毒素增加。

（6）引发甲亢

生气令内分泌系统紊乱，使甲状腺分泌的激素过多。甲状腺是身体中参与新陈代谢的重要器官，当你感觉到热血沸腾的时候就是甲状腺受到刺激了，久之会引发甲亢。

（7）伤肺

情绪冲动时，每分钟流经心脏的血液猛增，对氧气的需求也就增加，肺的工作量骤增。同时由于激素作用于神经系统，使得呼吸急促，甚至出现过度换气的现象，肺泡不停地扩张，没时间收缩，也就得不到应有的放松和休息，从而危害肺的健康。

（8）损伤免疫系统

一旦生气时，大脑会命令身体制造一种由胆固醇转化而来的"皮质固醇"。"皮质固醇"是一种压力蛋白，如果在身体内积累过多，就会阻挠免疫细胞的运作，让身体的抵抗力下降，甚至会让免疫系统昏了头去攻击身体的正常细胞。

◎ 思享点

①你在生气时身体会有哪些表现？

②你应该如何调整外界因素对自己情绪的影响？

参考文献

1. 洪向阳 . 10 天谋定好前途：职业规划实操手册 ［M］. 上海：上海大学出版社，2014.

2. 龙婧 . 西点法则：从成功到卓越的 22 条军规 ［M］. 西安：陕西师范大学出版社，2011.

3.（美）盖博著，刘希敏、谷珍译 . 提升员工敬业度的 10 个关键 ［M］. 北京：电子工业出版社，2014.

4. 马永强 . 轻松落地企业文化 ［M］. 合肥：安徽人民出版社，2013.

5. 戴尔·卡耐基，赵虚年译 . 人性的弱点 ［M］. 北京：中国妇女出版社，2006.

6. 崔景贵 . 职场成就感哪里来？找到职业兴趣所在 ［N］. 中国教育报，2015-07-16.